本気女子
成功する起業
5つのSTEP

株式会社ペルセウス 代表取締役
大和 千由紀

はじめに

こんにちは。大和千由紀《おわちゆき》と申します。起業を支援する、経営を軌道に乗せるための小規模なビジネスのコンサルタントをしています。本を手に取っていただいてありがとうございます。

今、多くの女性が自立や起業を意識するようになりました。女性の社会意識が変わり、自分らしく自立する女性が増えました。「プチ起業」という言葉まで流行っています。好きなことで自営業をしたい、会社を興したい、そんな女性がたくさんいらっしゃいます。

好きなこと＝趣味で終わる人とプロになれる人がいます。たとえばテニスが好きだけれども趣味で終わる人とプロとして活躍できる人。

普通の人は趣味止まりです。ではどうすればプロ＝ビジネスにすることができるのか？　それは、

・好きなことを突き詰める専門的な資格取得の正しい道を選ぶ。
・得意になるまで仕事をする。

この二点です。どんなことも「好きなこと＋学び」を重ねて、努力すればビジネス（事業）

にすることができます。

この本に紹介した女性たちは、「エステをやりたい」「食のビジネスをしたい」「離婚を機に自立したい」、そんな普通の女子たちです。何かをやりたいと思うパワーさえあれば、あなたの才能を趣味の延長に終わらせず、本気起業にすることができます。

最初に起業をサポートした美歌さんに同行して司法書士のところに行ったときに、「このワクワクする、でも不安な感じは経験したことがあるって思うんです。そうだ、出産だって。妊娠したときのワクワクする感じ、経験がないので不安な半面とっても楽しみって思ったあの妊娠のときの感覚と同じです。**女性は出産できるから、きっと起業もできると思います**」と言うのです。なるほどなあ、と思った言葉です。

彼女たちの起業に際して私がサポートしたこと、それは航海にたとえると、楽しく安全な航海のために準備をすること、持つべき知識、航海の技術、乗組員の選び方、航路の見方のようなものでしょうか。

では、会社をつくるにはどうすればよいでしょうか。「司法書士事務所に行けば会社できるんじゃない?」「起業にコンサルタントが必要なの?」と思われるかもしれません。その答えは、「**はい、起業の指導者は必要です**」。

会社は起業して五年で七割がなくなるのが現状です。一〇年続く会社でも、黒字経営し続けているのは全体の〇・二パーセント以下（総務省調べ）とも言われています。つまり、**起業した会社の一〇〇〇社に一～二社しか黒字経営で一〇年続けることはできない**のです。好きなことで起業できたとしても、ほとんどの会社がその後、「売上が上がらない」「借金が返せず倒産する」「お金が手元に残らない」となってしまうのです。

私はかつて結婚して派遣社員で働いていました。起業などまったく考えていなかったのですが、二八歳のとき、当時の派遣先様からの応援をいただき、周囲の大反対にあいながらも自己資金三〇〇万円をかき集めて有限会社をつくり、人材ビジネス会社をこそこそ起業しました。ちょうどそのときにバブルが弾けて「暗雲立ち込める船出」となってしまったので、周囲が反対するのはもっともです。でも、そのときの私は自分主導の仕事をどうしてもやりたかったのです。そして、自分には商機が回ってきたと本気でワクワクしました。

経営にまったく無知だった私が小舟で外洋に出て行くような無謀な船出です。ましてや個人の資本では船が小さすぎて、豪華客船のように波や気象状況に対応できるような最新設備を備えているわけもなく、熟練の操縦士が乗船しているわけでもありません。大波を被り、それを避ける術も知らず、嵐に会い、どこへ舵を切っていいのかわからない船出をし、散々苦労を重ね、晴天の日の航海なんてどこにあるんだろう？　そんな苦労の毎日でした。

そのときに周囲の経験者のアドバイスで何とか船の装備を整えたり、寄港地で修繕したりして就航を重ねる、それが私の経営時間でした。

人生で起業を経験する人自体も希少ですし、そう何度も経験することではありません。小資本の会社は勉強した通りに発展していかないどころか、想定外の課題が次から次へと押し寄せます。どう対処しようかと、うろたえているうちに船が沈んでしまい、乗組員も積み荷も海の藻屑となってしまいます。私のように、**特筆すべき資格もなく高学歴でもない**、もちろん資金もない女子の起業は、それは無謀なことでした。私にあったのは、自立心旺盛だったこと、お金がない分創意工夫を重ねたこと、そして人を見る力があったことではなかったかと。

さらに、リーマンショック前年にM＆Aで全株譲渡、それも自分で売却先を探して交渉するという離れ技のおまけまでついて、パーフェクトな会社経営を果たすことができました。結果、通期経営中二〇年間の黒字経営という希少な経営経験をしたのです。私はつくづく人に恵まれ運があった、と思うのです。

こう言ってしまえば簡単ですが、いくらなんでも運だけで二〇年間も黒字経営はできません。だから声を大にして言います。**起業するときに創業経験のある指導者について勉強すれば、それなりの会社になります。**その指導者の助言で会社らしくなっていき、黒字経営になり、そしてお金が残る経営となるのです。

世の中に頭脳集団のような大手のコンサルタントはたくさん存在しますが、彼らの多くは自分のお金で創業したことがありません。人の会社にああだこうだ、金をかけろとカタカナで立派なことは言いますが、金がない、人がいない小規模会社は泥臭い経営で戦わねばならないので最初からスタンスが違います。

小さい会社は経営を学ぶだけでなく運や出会い、人間関係のつくり方や自分との向き合い方など、言葉ではなかなか言い表せない壮大な経験をし、体当たりしながら失敗を繰り返して成長していきます。

起業したいけれども何から組み立てていいのかわからない、起業したけれども売上が伸びない、事業の戦略など考えたこともない――そういった方々に、この二〇年間の自分の経験を勉強会の場を通じて提供しています。

田舎娘が起業したら自立して家まで買え、仕事を通じて素晴らしい人脈ができ、感謝の多い人生を送れるようになった。景色の違う外の世界を見せてくれる起業って、人生って素晴らしいのよ、と言えるようになりました。だから多くの女子にも味わってほしい。

私のモットーは「**起業しても黒字経営でないと意味がない**」。起業は自分の幸せと社会の役に立つこと、この二つに意味があるのだと思っています。

本書は学べば誰でもできる起業について、皆さんがステップアップできるように、ノウハウをカテゴリー別にしました。そして最後には私の周囲にいる経営者たちはどのような道のりをたどり成功していったのかをご紹介させていただきました。
自分の魂にチャージができる「幸せ起業」。ぜひ挑戦してみてください。

二〇一九年五月吉日

株式会社ペルセウス　大和 千由紀

成功する〈本気女子〉起業 5つのSTEP もくじ

第一章　魂の喜びに触れる「幸せ起業」

第二章 成功する〈本気女子〉起業5つのSTEP

第三章　成功する戦略、失敗する戦略

もくじ

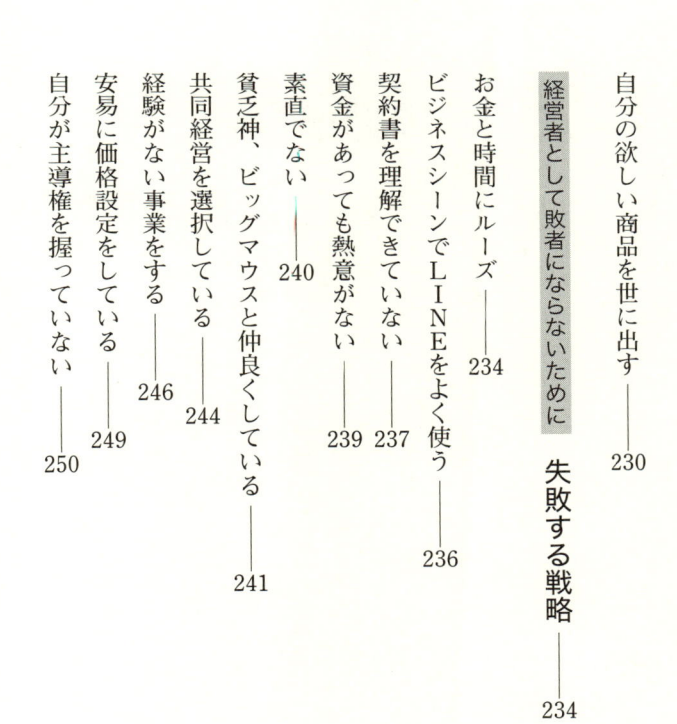

序章

私の経営物語

——黒字経営二〇年、M&Aの陰にある強運

はじめに私が起業コンサルタントをしている理由を
紹介させてください。
でも、いわゆるコンサルタントの自己紹介ではなく、
スピリチュアル本のような不思議な物語です。

不思議な起業ストーリーの始まり

私にはＭＢＡを持っているとか、一流企業のコンサルタント会社出身とか、そんな立派な経歴はありません。大学を出て就職したのは非上場ながら大手のパン屋さん。そこでルートセールスや百貨店での新規出店のお手伝いをしていました。そこでは、まるでやる気のない、気の利かない、いわゆる「ダメＯＬ」でした。それが転職の機会を得てから一転、独立への道筋を突き進み起業。そして二〇年間黒字経営し、リーマンショックの前年に会社を売却したのです。この信じられない成功劇を支えたものは、いったい何だったのだろうかと自分でも不思議に思うのですが、おそらく、**人との出会いを引っ張ってこられる力または運**、これが大きいのです。

私は自分の力が不足している分、他人の力を借りることができ、金ピカの学歴がなくとも、自分の目指す目標の手助けをしてくれる人たちと出会うことができました。出会い運、それを引き寄せる力、そして「ああこういうことね」と瞬時にわかる社会性。これが大きく黒字経営に関与したと思っています。

■転職に成功——OL生活を経て退職

二四歳のとき、アルバイトに行く途中、バイク事故を起こして三週間の入院となってしまいました。退院後、ギプスが取れても仕事がありません。失業に怪我、さらに失業保険も切れて、踏んだり蹴ったりです。ある日、私は西日の差すアパートで、途方にくれながら就職情報誌『とらばーゆ』を読んでいました。その紙面にあった「キヤノンワープロインストラクター・未経験者可」の紙面六分の一の記事（当時はパソコンではなくワープロでした）。お給料もそこそこいい。**「これが私の仕事」**と見た瞬間に思ったのです。何の根拠もなくそう思ったのです。翌日面談に行くと就職倍率は六三倍！　偶然そこに社長が居合わせてあっさりと仕事が決まりました。「ほら、私の仕事でしょ」、と何の経験もない私が六三人の中から選ばれることを最初からわかっているような行動でした。こうして、若き社長が経営するキヤノン販売（現キヤノンマーケティングジャパン㈱）の小さな代理店での勤務が始まりました。

そこでは、どうしてこんなに出社が楽しいのだろう？　と不思議に思うほど、毎朝意気揚々と出社していました。事務の仕事もワープロ操作も何もできないのに、**魂がキュ**

ンキュン言うほど出社が楽しいのです。以前勤めていた大手企業では、私はいわゆるダメOLで上司からは怒られてばかりだったのに、今まで味わったことのない感覚です。仕事に楽しさを見出すなんて初めての経験で、ここも不思議に思っていました。この小さい会社で会社経営を目の当たりにし、ここから起業への道が始まっていたのです。

その後、人材派遣会社で内勤スタッフとして勤務。インストラクターをしていたのですが、会社はちょうど成長期で猫の手も借りたい部署ばかり。激務で体調不良を訴える社員が続出して、人がいないと言っては他部署の仕事が仕事を断らない私に回ってきます。派遣先のオーダーに応えて派遣社員をアレンジする仕事です。当時は携帯電話もないので、帰宅するスタッフを待って捕まえなくてはならず、毎晩終電で帰宅するような日々。あっという間に時間が過ぎます。でも、なんだか充実感があるのです。

そして、二八歳のときに派遣スタッフとしてキヤノンのグループ会社に勤務しました。私の仕事はコールセンター業務で、お客様がパソコンの操作がわからないときに質問がくる仕事です。これが暇なのです。一日三件しか電話がかかってこないこともありました。他の社員はこのときゲームをしたり、料理本を見ていたりするのですが、私は「もっとこのパソコンを販売するために教室を開こう」、「Q&A集をつくろう」と自主的に仕事をつくって、代理店時代に知り合った営業マンに、勝手にメール便で提案書を送ったりしていました。

すると私の仕事ぶりを見ていた他の部署からも「マニュアルをつくってくれ」など本来の業務とは関係のない仕事まで頼まれることになり、私は、この関係ない業務も喜んで引き受けていました。他の社員は「私の仕事ではありませんから」、「忙しいから」と言って断ります。私は「仕事はやったもの勝ち」と考えているのに対して「仕事をするのは損」と考えているようでした。

そうしているうちに、依頼した部長や他部署の方がよく私を食事に誘ってくださったりして、社員より派遣社員の私の方が重宝されている、という関係になっていったのです。すると派遣先で一年がたち、私は派遣会社の内勤を経験していたことから、「このビジネスモデルは私にもできる」と思うようになったのです。

■独立を身内に相談したら大反対

「自分がこのコールセンター業務を受注する会社をつくればいいかも。その他にも私はキヤノン製品をよく知っている。インストラクターの仕事は無くならない。自分にもこのビジネスモデルはできるかも……」と独立が視野に入ってきたのです。

「独立しようかな……」と初めて起業を考え始めました。前職の派遣会社時代の尊敬する女性上司に相談したところ、「何を言っているの、あなたが小さい会社をつくっても、メーカーが継続的に仕事を出してくれるわけないじゃない。メーカーなんて冷たいものよ。一時的に利用されて終わり。契約書をもらったわけでもないし、何言ってるの！」と言われてしまったのです。「千由紀が独立？　よくやった」と言ってくれるかと思ったのに……。

転機――人生はオセロゲーム

また、タイミング悪く、事件が起きます。派遣先の専務に役員室に呼ばれ、ドアを閉めた後、私に向かって話しだしました。「大和君、キヤノンは派遣会社をつくることになった。今、うちばかりでなく本社も派遣社員を多用するようになった。会社というのはいつでも身内にお金を落とそうと思うものなのだよ」

えー！　寝耳に水。キヤノンが自分のところで派遣会社をつくる?!

えらいこっちゃ、そうか、私の独立計画はなしになるんだ……。

「ところがキヤノンの中に派遣の知識のある人などいない。大和君、その派遣会社の正社員として行ってくれないかね、僕が推薦するから」

え～!!　何この話？　これは困った、予想外の話に胸のどきどきが止まらない。

自分は独立してこの会社と契約したい。ところが専務は、私にキヤノンのグループ会社に行ってほしいという。この件を断れば、私は専務の顔をつぶすことになるから、この会社での仕事はなくなる。それどころかキヤノングループの出入りもできなくなるだろう。

一方で、私がもし独立したとしても、キヤノンの派遣会社が私の事業を脅かすことになります。大手資本相手に勝ち目などまったくない。自分がつばを飲み込む音が聞こえ、のどがからからになっていくのがわかります。独立はない、できない。それどころかこれを断ったら自分も将来がないかも、どうしよう……。

「考えてみます。良いお話をありがとうございました」と精いっぱいの笑みを浮かべ、顔を引きつらせて部屋を退席するのがやっとでした。あー、どうしよう。なんだか独立できるような気運があったのに、このタイミングでそんな話が来るんだ。自分のパフォーマンスを評価していただいてうれしい反面、独立への希望が一気に崩れ去っていきました。

なんだか途端に勢いがなくなりました。「どうしよう……」。悶々として眠れない日々が続きます。それから二日後、思い切って懇意にしていた部長をひきとめて、「実は専務からこんな打診があって、私は独立したいと思っているんですが……」と話をしました。すると、「そうかそうか、じゃ一緒に専務のところへ行こう」と役員室へずかずかと入っていって、「専務、大和君が独立したいそうですよ」と前置きもなく話しだしました。

専務は、「そうか、そう言ってくれればいいのに、じゃ会社をつくりなさい。大和君がいてくれればうちはいいんだから。派遣スタッフが二〇人になるまでキヤノンのいろいろな部署と部長を紹介してあげよう」とまで言ってくださったのです。

「えー？」

なんだか一気に気が抜けました。もう先がないような、生きた心地のしない時間が一瞬で一八〇度変わってしまったのです。アンラッキーがラッキーに簡単に変わったのです。キツネにつままれたような感覚とうれしさで胸がいっぱいです。**人生ってオセロゲームのようなものだ**なぁ。一瞬で黒白ひっくり返る……。

「専務、部長ありがとうございます」

ところが当時私は結婚していたので、夫に相談すると「奥さんが社長だなんてみっともなくて言えないからやめてね」と大反対に遭い、結局誰の賛同も得られません。でも私は「必ずできる、これはチャンスだ」と周囲の心配をよそに根拠のない自信があったのです。こそこそとなけなしの三〇〇万円をかき集めて親にも言わずに有限会社をつくりました。

社名は派遣先の社員の方が暇を見つけて辞書片手に考えてくださり、名刺も部長がデザイナーにお願いしてつくってくださいました。本当にありがたいことです。人の力を大いに借りて起業が叶いました。派遣社員として一生懸命勤務していたから大きな支援をいただけたのです。このことで精一杯自分の仕事をする姿勢があれば誰かが助けてくれるという教訓を得ました。

そのときに、今までの営業経験、小さい代理店に転職して会社運営を学んだこと、キヤノン販売の代理店での勤務で人脈ができていたこと、人材派遣会社でインストラクターや内勤の仕事をしたこと、派遣社員の経験、**すべてがこの起業のために必要だったこと**がわかったのです。あの二四歳の転職、だからあんなに魂がキュンキュンするような、意気揚々と出社する日々が続いていたのです。

魂は最初からこの道が繋がることを、私の目指す方向性があの五年前の転職からわかっていたとしか思えません。不思議な起業ストーリーです。

■営業先に苦労せず

独立を支援してくれた専務や部長が取引先を紹介してくださり、本社ビルへ行くと、「あの部署へ行きなさい」、「あっちの部署の部長がおれの同期だから」と、いろいろな人脈をご紹介いただきました。おかげで仕事は大忙しです。営業活動だけでなく、人の採用、組織づくりと経験のない分野に四苦八苦の毎日が続きます。

このまま有限会社ではもたないからと、会社を見ていてくださった公認会計士に相談して資本金一〇〇〇万円の株式会社にすることにしたのです。このときに経営者が一〇〇〇万円を出さなくてはいけないのに五〇万円ほど足りません。公認会計士が「いくら足りないんだ？」と言ってその場で五〇万円を銀行から降ろして貸してくださいました。そんなドタバタ劇で、とても組織と言えるような状態ではなかったものの素人がここまで来るのにどれだけの方の支援をいただいたことか。

さらにキヤノン販売が製品を販売した先の上場企業までもが、キヤノン販売の営業マンの紹介で弊社の取引先となっていったのです。営業先に苦労せずしかも売掛金の回収にも困らない良質な客の人脈とは、何と運のいいことでしょう。

会社は自分の子どものようなものです。健康な子どもに育てようと目いっぱい愛情を注ぎます。愛情を注ぐと会社はどんどん売上が上がります。私は仕事が好き、そして会社を愛していました。あんなに大変で楽しかった時期はないと思うのです。

会社は順調に育ち、自由が丘に借りていた中庭のある素敵な事務所は手狭になったため、二つ借りて四五万円の家賃となりました。その後さらに拡大を続け、会社移転を考え出したときに、どこか山手線沿線に移転したいなあ、と考えているとふと「恵比寿」と頭に浮かんだのです。

■プロの貴重なアドバイスで恵比寿進出

私が起業したときから指導してくださっている公認会計士の先生が常に経営の相談相手でした。

「良質な人材の集客は自由が丘では限られる。山手線沿線に出ていきたいなあ、でも家賃は高いし……」と考え始めたとき、その彼が「もっと役員報酬を増やしておきなさい」と言ったのです。

売上が順調に伸びてきた時期でもあり、役員報酬を増やして家賃以上にしました。それから半年後、恵比寿で事務所探しを開始します。オフィス専門の不動産会社に依頼したところ、駅から二分の好立地に、家賃一二六万円のビルの最上階のワンフロアを紹介してくださいました。年間家賃一五〇〇万円。あのアミューズが入居しているビルでした。入居したいという思いが日に日に募ります。「保証金一〇〇〇万円、家賃一二六万円かぁ、払えるかなぁ？　大丈夫かなぁ」。悩む日々が続きます。清水の舞台から飛び降りるとはこのことで、恐る恐る取引銀行に相談すると、銀行が「喜んで融資を実行します」と言ってくれたのです。経営者に資産がない場合には、保証を誰かにお願いすることになります。経営者が保証をお願いするのは自立ができていない証拠です。

会社の利益が十分にあり、代表者に資産があったので、銀行が担保も必要なくあっさりと融資してくれたのです。

銀行に「自由が丘支店から恵比寿支店に移す」と言ったら、「そんなこと言わないでください。担当者が毎週、顔出しますから従来通りのお付き合いをお願いします」と申し出てくれたので、銀行ともこの後、密な関係を続けられました。

そうか、こうやって会社は必要な借金をして、会社らしく成長していくんだ。と彼のアドバイスを思い起こしました。結局このビルに入居することができ一〇年お世話になったのです。

■魂がキュンキュンする仕事

顧客企業のオーダーのスタッフが決まって派遣先に同行する朝は、いつもあの魂がキュンキュンする喜びを感じていました。派遣会社なので、派遣スタッフが新規で決まると待ち合わせの時間より三〇分は早く行って、駅の改札でうろうろしています。仕事は自分にワクワクの感動をくれる——。人間はこの感動でエネルギーチャージして生きる生物なのだと実感。だから「自分も人に感動を与えられるような仕事をしよう」。この頃そう思ったのです。そして、「**私には人を見る目がある**」と。

人材ビジネスは人の能力や性格が見抜けなければ成功しません。私は営業先でも「この人との縁はできる」、「この人との仕事はない」とはっきりわかるのです。さらに、「この人は信頼できる」、「本物だ」と思って、自分のできること、仕事やアドバイスを提供していると、思ってもみない幸運が訪れるのです。

「この人は採用してはいけない」と違和感がある人物でも、人を派遣しないと売上にならないしと思い、欲を出して派遣するとトラブルになって後が大変、という結果に。後から、「そうか、私は人を見る目がある、人が好き。だから人材ビジネスをしているんだ」

と自覚したのです。好きなことをしているから、楽しいから、より楽しい状況を運んでくる、まさに運が良くなるという好循環が生まれます。さらに小さい会社は資金が潤沢ではなく、資金を使わずに売上を上げるにはどうしたらいいのか、小資本でも創意工夫をして売上を伸ばそう、そんなことを絶えず頭の中で考えていました。

■プロの視点は鋭い

恵比寿に会社を移転してから成長軌道に乗り、会社は拡大し、社員一六名、スタッフ一五〇名の大所帯となりました。社員が育ち、組織になっていったのです。順調そうだと判断し、私はなるべく口を出さずに部長以下三人に会社の経営を任せてみました。

人材派遣の他にＷＥＢ制作部門、人材紹介部門と部門別の売上があります。ところが今度は売上がどんどん下がってしまいます。どうしてこんなことになるのか、考えあぐねているとき、ちょうど公認会計士の彼が事務所に寄ってくれました。そのとき彼は、「お前、社長室つくっただろう。現場にいなきゃだめだ」と言ったのです。

社員が営業のフロアが手狭になったからと言って、私の机を応接室の中に入れて社長室をつくり、私は隔離されていたのです。私も「ようやく社長室に座れるような身分になった、と「日経新聞」をそこで読むことに喜びを見出していたのです。この言葉にハッとして、そうか、問題がわかっていなかったんだ、と翌日から机を営業フロアに移してすぐに現場復帰。「課題はいつも現場にある」、そう彼は教えてくれたのです。すると社員の電話応対がおざなりであったり、営業の粘り強さがまったくない、後輩育成のまずさ、いろいろな点が目についてきました。小さい会社であれば社長はプレーヤーで口出しするのは当然なのですね。

「課題はいつも現場にある」。この言葉に救われて、現場復帰したところ会社はなんとか右肩下がりを食い止めることができました。経営初心者に、必要なアドバイスをしてくれるプロの存在があればこそ、ずっと堅い経営ができていたのです。

指導者がいてくれないと、どうしてこうなっていってしまうのか、課題の原因がわからず右往左往するばかりです。一度下がった状態を上向かせるのは並大抵の努力ではありません。下がってしまったものは下がり続けるのが経営です。

■楽しむ余裕を失う日々

スタッフが多いとトラブルが増えます。ましてや人事問題はナーバスでこちらが悪くなくても労働者を守るというスタンス。裁判沙汰になるようなこともあり気が休まりません。自分が営業として稼働している間はスタッフから感動をもらえます。ところが魂のキュンキュンする仕事が減り、社長の仕事は社員のクレーム処理で頭を下げる、数字を見るだけ。魂のチャージを仕事でもらえないどころかすり減らすばかり。この頃から経営は課題が多く、苦しい場面が多すぎて楽しい思いが減っていきました。楽しむ余裕、笑う余裕がまったくないのです。いつも厳しい顔をして今が勝負、今が勝負と思って眠れない日々が続いていました。ここから一気にブルーが加速しました。

他の社長たちはもっと上を目指している。それなのに、なんだか自分は気合いがない、もっと頑張らないと「自分は無能な経営者だ」と罪悪感を持つようになったのです。自分を責めると、自分の思いで体が壊れていきました。脳下垂体からホルモンの出ない難病にかかり女子医大に入院。体温を維持できず、真夏でもカイロを入れ、身体に乳酸が溜まって動けず疲労と戦う日々。体調不良で日常生活にも支障をきたし、経営どころではありません。心と体は密接に繋がり自分の思いが自分の身体を悪くした、とはっきりとわかるのですが、治し方がわかりません。

仕事への情熱がなくなり、それでも会社は回っていきます。人材ビジネス以外の新しいビジネスを見つけようと思いました。そして、健康を取り戻すためにたびたびハワイへ行き、ハワイのビューティーサロンのオーナーになり、韓国のゲルマニウムマットを輸入するビジネスを始めました。このときも銀行のゴルフコンペで知り合った医師が「俺が金出す。恵比寿の事務所ビルの二階が空いているから岩盤浴サロンをやろう」と言ってくださったのです。ひとことも仕事のお願いなどしていないのに、です。こちらがびっくりです。こうして三〇〇〇万円以上を投資してもらい岩盤浴サロンを経営して、自分も健康を取り戻そうと必死になっていました。

健康でなくなると経営者の力もなくなり、会社も力を失います。二〇〇六年、父が死去しました。私はよく夢を見るのですが、当時、朝方の夢に出てきたのは「清算」の文字。父の死とともに自分にとって重荷になるものは清算する時期なんだ。「そうか、あんなに手をかけた自分の分身である会社はもう自分には重荷なんだな」、「もう会社も二〇歳になる、私の手を離れるとき」。この難病を克服できずに会社は泣く泣く売却へと進みました。

■追い詰められ、会社をM&Aで売却

会社売却を考え出したときに、「果たしてどこに？　まとまるだろうか？・」と皆さん

やきもきします。でもそのとき、多くの同業者を知っているにもかかわらず、不思議なことに二年前に一度だけランチをしただけの社長の顔が浮かびました。「ああ、あの人に売却しよう」——この答えがドンピシャ。ひとこと言っただけでM&Aの道筋がトントンと進み、その会社には元証券会社に勤務していた役員がいたこともあり、話をしてからわずか二ヵ月で話がまとまりました。通常一年以上はかかるM&A話が、です。

当時はあの話がもう半年も延びていたら、私はこの世にいなかったのではないか、と思うくらい精神的に追い詰められていました。身体もボロボロ、どうやって目覚め、会社に行っていたのかわからないくらい重い時間、わが子を捨てるような辛い感覚。毎日会社で書類を無表情でシュレッダーにかけ続けていました。

■パーフェクトな経営の裏にあった運

会社売却後はハワイでのんびり過ごし、ニューヨークへ語学留学して学生をしていました。「なんだか東京にいられない」、「自分はどうしていいのかわからない」、「どうしてこんなことになってしまったのだろう?」と、後悔ばかりで先のことは考えられません。そんな状況で、ふらふら帰国したらリーマンショックの話が飛び込んできました。

唖然としました。同業者は廃業する会社、自社ビルを売却する会社、世の中が大混乱に陥っていました。

「あー、私は生き延びたんだ」

自分は敗者だ、起業した自分の子どものような会社を売るなんて、と会社を手離したことを恥じ、コソコソ生きていたあの辛い体験が「自分は生かされた」安堵感となり、自分の中のわだかまりが少し消えていったのです。会社売却がなかったらと考えると、ぞっとしました。

■クモ膜下出血で倒れる

いつもは一人暮らしをしている私の元へ、お正月だけは長野から母が避寒にやってきて、一～二週間だけ一緒に過ごします。二〇一四年のお正月、突然、頭がバットで殴られたような激痛に襲われました。ぐるぐる周囲が回り、ひどい吐き気が襲います。母が救急車を呼び、昭和大学病院へ運ばれ、そこで告げられたのは「クモ膜下出血」。そんな病気がなぜ自分の身に降りかかるのだろう。混乱とパニックで理解ができません。九時間の開頭手術となり、集中治療室生活が始まりました。

エネルギーがまったくない空っぽの体。「死に近づくってすべてが空っぽになることなんだ」とわかるのです。夜になり人気が無くなると、暗闇に引きずり込まれるような恐怖との戦い。これでもう普通の生活には戻れない、ゴルフをしたり旅行へ行ったり、そんな生活はやってこない、絶望の淵に沈みました。それでも母がいたから助かったのです。いなければ救急車も呼べず一人マンションで息絶えていたでしょう。

■再生して起業コンサルタントに

運よく後遺症もほとんどなく退院した私に、先生が「大和さんは強運」と何度も言ってくださいました。さまざまな要素が重なり私は生かされたのです。自分はこれからどうやって生きていけばいいのだろう。仕事も考えられず、気力も体力もありません。

退院して一年、やることもないのでイタリア旅行を八日間楽しむことにしました。ナポリの海で陽気に歌って人生を謳歌している人々を見ていると、不安ばかりを思い、何も人生を謳歌しようとしない自分がばかばかしく思えてきて、うつうつ感が一掃。新たな喜びのエネルギーが入り魂のチャージとなりました。

「人生は仕事ばかりしていると後で、バランスをとる時間が必ず来るんだなあ」

これからの仕事を考えたとき、法人の仕事を従来通りにしていくには、体力的に自信がありませんでした。そのとき、「自分は三社も起業しているから起業なら得意だわ」と思いつきます。「起業のコンサルタントはできるかも」。私は法人相手、個人相手、どちらのビジネスも経験しています。

自分のなけなしのお金で始めた会社が年商五億にまでなった黒字経営の経験から、少額の資本でも小さな創意工夫を重ねれば誰でもできると私は思っています。貴重な体験は、周囲のたくさんの人に助けていただき、出会えないような方とも出会うことができ自分を違う世界へ連れていってくれました。

個人コンサルタントは法人と違って私が直接指導できます。あの頃の私と同じように何かをやりたいと思うパワー溢れる女性たちを応援したいなあ、自分が活かされたのは、**自分の原点である「起業」**と向き合い、本気で会社経営をしたい方の力になること、そう思って二〇一六年から起業コンサルタントとして活動をしています。

■コンサルタントには種類がある

コンサルタントというのは、実は何の資格もありません。よって、基準がなく、専門的な「何か」を教えれば、それがコンサルタントということになります。

私から見ると、コンサルタントはざっと二種類に分けられます。大手のコンサルタント会社に勤務している、もしくはそこから独立し中小企業診断士を取った方。この方たちは規模の大きい事業、そしてすでにある会社の改善をすることが得意です。この方たちは数字に強く、数値管理が得意です。自己資金で興した感覚だけで経営している小さい会社は多分不得手です。

もう一種類の少数派は自分が会社を経営している、もしくは経営していた方。この手の方は、会社の顧問はしてもコンサルタントはあまりやりません。なぜか？　自分の商売の方が楽に儲かるから、手のかかるコンサルをする意味がないのです。

私は少数派コンサルタント。自己資金で、独立から軌道に乗るまでの経験は実体験であり、教科書で学んでいるわけではありません。さらに、すべてが自分のなけなしの自己資金で起業したので、クリップ一つも自分のものという意識下で経営してきました。人のお金だからとぞんざいに予算を使うような感覚、すぐに資本投下できる規模の会社とは真逆です。ともかく何もないところをいかに切り開くかの発想で、スマートさはありません。

私は自分の会社を四〇歳代で売却しました。結果、セカンドキャリアを探さなくてはならなくなり、人のビジネスを育成する時間が与えられました。何度も言いますが、私のように何の取り柄がなくても多くの人の手を借りて経営はできました。自立したい方は自分の才能を正しく磨いて、あの魂のキュンキュンを経験してほしいと思うのです。

第一章

魂の喜びに触れる「幸せ起業」

これから紹介する女性たちは、パン屋さん開業、エステサロン開業、法人ビジネスなどで自立を果たし、弾むように輝いています。寸暇を惜しんで働き、「千由紀さん幸せです」、「毎日が楽しいです」と魂の喜びが伝わってくるLINEをたびたびもらいます。睡眠時間が少なくても、自分のやりたかった仕事を自ら事業にした充実感が伝わってきます。

回 起業の喜び

起業とは一から、いえゼロから自分で仕事を組み立てて才能をお金に換えていくことです。始めてみると思うようにいかないことばかり、自分の経験外の課題ばかりで心が折れます。それを、知識をつけて自分で創意工夫し、周囲の手助けを受け、乗り越えるのが経営です。実はこの苦労が（私は二度としたくないのですが）魂の喜びに変わります。

なぜこんなに起業が楽しいのでしょう。

私は、それは二つあると考えています。一つは会社員やパートで仕事を与えられているのと違い、自分で考え、組み立て、つくりだした事業がお金に換わるのです。いくつもの壁を乗り越えた先に自分で手に入れたもので、誰かが与えてくれたものではありません。自分の才能が開花して自立が果たせていく喜びです。

もう一つはそこにはお客様が存在し、お客様から「ありがとう」と言われることです。それは「社会から必要とされる事業」になったことを感じる瞬間でもあります。お金を払ってくださった方から、「ありがとう」と言われるその至福の時間は、魂のチャージに十分な喜びです。

私は人材派遣を手掛けていたので、お客様から「良い人を紹介してくれてありがとう」と言われ、スタッフからは「良いお仕事を紹介してくれてありがとうございました」と両方から言われていました。こんなに感謝してもらえるなんて、なんて素晴らしい仕事だろうと思っていたものです。

会社の理念は「愛と感謝」でした。この感謝のエネルギーが増大していくように、自分の仕事とスタッフに愛情を持って取り組めるように、そんな会社でありたいと思っていました。

自分が自分だけに提供できる魂の喜び。私は、あのワクワク感、魂がキュンキュンするような感覚を今も追い求めています。仕事は自己表現でありライフスタイルです。自分が心からの幸せを感じて社会と調和して生きていくことです。だから目指すは「**自分らしい幸せ起業**」なのです。

回 プチ起業は趣味の延長

SNS発信している個人事業

今、世間では「プチ起業」という言葉が流行っています。「プチ起業って何だろう」と思っていた私は、ある日、Facebookで「起業女子」というキーワードを見つけました。そこで、どんな方が参加するのかなと好奇心を持って、近所の自由が丘で開催される朝のセミナー〝朝活〟に参加してみました。

その朝活で出会ったのは、「手芸品やアクセサリーをつくって教えています」、「お料理教室をしています」、「姿勢矯正サロンをしています」、「フラワーデザインを教えています」といった方々でした。皆さん自分の力で少しでも収入を得たい、社会と繋がっていきたい、自分らしく輝きたい、と思っているようです。自分の趣味が少しでもお金になればと発信する女性たちが「プチ起業」なのだと知りました。

起業と名前はつくものの、個人事業主の届け出を税務署にしている方もほとんどいません。結婚されている方が多く、ご主人の扶養の範囲内で収入を得たい、趣味の世界を広げたいといった様子です。そして彼女たちの一番の関心事は「集客」で、そのために無料のＳＮＳツールの活用を模索しているようでした。

起業コンサルタントとなった私がここで関心を持ったのはＳＮＳツール、ブログの活用方法や発信についてです。ブログに自分の趣味を少しずつ紹介して集客を図っています。

世の中にこんなに個人に発信して、サービスを販売したりして趣味をお金にしようと思っている女性がいるとは私は知らず、驚いてしまいました。

起業は事業をすることです。それは趣味の延長ではなく、事業で食べていくことです。そして、起業した後、自分の給料が出て黒字経営、つまり利益が出る経営をすることです。

ここまでだいぶ厳しく書きましたが、でも大丈夫。ダメＯＬだった私も社会でもまれて勉強した結果、起業ができて二〇年間も黒字経営を続けマンションも買えるようになったのです。趣味の世界から抜け出して、本気で起業を目指して勉強すれば誰にでもできます。そのためには起業、または開業して、自分が選択され、お金を落としてもらえる理由をつくる、ビジネスの勉強をしてステップアップしていきましょう。

回 ＳＮＳ起業に二八万円投資した結果・・・

ブログ起業

キャリアコンサルティングに来てくれた女子、Ａさん（四二歳）は、経済的に自立したいと思って「あなたもブログの書き方を学んで起業しましょう」という起業コース（九回）を二八万円払って受講しました。その後、相談にきてくれました。その講座の参加者は主婦など二〇人くらいで、ライティングのテクニックと同時に、自分のファンを増やす方法について学んだということです。

Aさんがビジネスにしたいのは、「アロマオイルで更年期の不調を解消しましょう」というものでした。薬は体に良くない、アロマオイルは脳下垂体に直接届く、無害で更年期の解消に役に立つ、という記事をブログに書いています。

そんなAさんに、私はいくつか質問をしました。

「Aさんの提供する事業のメニューを教えてください」

「あなたに合うアロマオイルを調合するコースが二時間で五五〇〇円。自宅で提供しています」

「それで実績はどうですか？」

「半年間に二名、売上は一万一〇〇〇円です」

「二八万円払って一万一〇〇〇円？」

「主人は自立向上していくことはいいことだし、それでお金を稼げればもっといいといって資金援助してくれたんですけど、ずいぶん高い授業料だね、とあきれていました。今思えば二八万円をSEO対策に使った方がよかったと思うんです」

うーんなんだかとっても残念な結果です。そこで、Aさんのブログを見てみました。問題点はいくつかあります。

専門性の欠如

まず、本人が扱っているアロマテラピーの資格や経歴などが何も記載されていませんでした。聞いてみると資格もアロマテラピー検定の級も所有していないとのことです。もちろん医師でも、医療関係者でもありません。これではAさんがどれだけアロマテラピーの知識があるのか、実績があるのかわからないので説得力に欠けます。

もしこれが「産婦人科医が薦めるアロマテラピー」「看護師が薦めるアロマオイル療法」だとしたらどうでしょうか？　多くの方が興味を持ってフォロワーになるのではないのでしょうか。

価格設定

起業というからには、それなりの売上が必要です。五五〇〇円の金額設定では、月に二〇人来店しても一一万円の売上にしかなりません。実際、六ヵ月で一万一〇〇〇円の売上ですから、会社をつくれるような規模ではなくて趣味程度ということがわかります。

優位性がない

アロマオイルでの更年期障害の解消法のノウハウが彼女にしかなく、彼女しかできないことで評価されているならば、五五〇〇円という安価な値段でなくても多くのお客様が殺到するでしょう。しかし、アロマテラピーの有用性を発信している人は数多くいます。その中で、Aさんはその人たちと自分はどこが違うのか。自分の優位性はどこにあるのかまでは考えていないようです。どんな事業にも同業他社が存在します。**ただ発信すればいい——これではビジネスになりにくいという典型的なパターンです。**

起業できない人の特徴

ブログだけで集客をして、起業できるなどと思わないことです。**簡単にブログで起業できるネタなどそもそもない**のではないかと思います。

自立したいという気持ちが強くて、「手軽にできるなら」と手を出すのかもしれませんが、セミナーの主催側からすれば、これはただの良いターゲットです。「〇〇を受講するとあなたも月収三〇万円」などと発信している記事はたくさんあります。でも、よく考えてください。年商三〇万×一二ヵ月＝三六〇万円、年商三六〇万円なら、会社にしなくてもよい規模です。年商三六〇万円だと自分の年収はいくらでしょうか？

起業という文字に釣られて、「半年受講すればあなたも一〇〇万円稼げるようになる」などという記事もあります。それは地に足が着いたビジネスでしょうか？

Aさんは、私に「SEO対策はどうでしょうか？　WEB広告は効果的でしょうか？」と聞いてきましたが、まずAさんがするべきなのは、専門的な資格を取得し、その資格での経験や実績をつくることです。その上で、もう一度事業の内容と単価を見直す。半年間のブログ起業コースで学ぶ前に、地道に自分のスキルを上げることが先決と思われました。

回 起業はビジネスモデルをつくることから始まる

働くことが好き、が大前提

私は起業コンサルタントとして、たくさんの「自立したい」という方の相談を受けています。あるとき、四八歳の女性から起業したいという相談がありました。「まだ具体的にビジネスモデルは考えていないけど、皆さん何をやっているのかなあ、と思って……」

法人ビジネスや小売業などの女子起業紹介の後、「翻訳会社の女性社長が大阪から出張のために毎週五時起きして始発の新幹線で東京へ来るのよ、本当によく働いているでしょ」と話をしたら、「そんなに働き詰めなんて私はやだなあ。私は人に何かをしてもらう社長になるの」「その会社は社員三〇人もいますよ。でも会社と仕事を愛しているから、惜しみなく働き、会社がずっと上向いて利益が出ているんですよ。ではあなたはどんな形態のお仕事をするんですか？」というと、「えー短時間働いてお金が入るような……」

この女性には、「短時間働いてお金になる何かを見つけてください。マンション経営とかいいかもしれませんよ」と言うしかありませんでした。**社長になる人は働きたい**のです。仕事が好きなのです。そして退屈は人を後退させることまで知っているのです。

起業の前に必要なことは、ビジネスモデルをつくること

ある日、相談に来てくれた主婦Sさんは、「子どもも手を離れたので、私は起業する、社長になる、と主人に宣言しました」と、とても頼もしく私に語ってくださいました。

ところが、「どんな内容で起業するのですか？　ビジネスモデルは何ですか？」と聞くと、しどろもどろ。

「心理学を学んでいるので悩んでいる女子にカウンセリングや生き方を教えたり、頑張っている女子をアロマオイルで癒したりとか……」、なんだかどうもまとまりがありません。

起業するのは会社をつくることではなく、「ビジネスモデルをつくる」こと。これが会社を登記するより一〇〇倍大切なことです。なかなかこのビジネスモデルづくりが難しいと、私も長年悩んでいました。

会社は維持費がかかる

同様に起業したいと相談に来てくださった女子Yさん（五〇歳）。社長秘書をしています。

「起業したいと思っているんです」

「どういった事業内容なんですか？」

「それが、何をしていいのかわからなくて……。化粧品扱おうかなぁ」

「化粧品を製造販売するってことですか？」

「なんかそれ、大変そうですよね……。うーんなんか違うなあ、美容ライターかなぁ」

「その経験はあるんですか？」

「化粧品は好きよ、いろいろなメーカーをたくさん試すから……」

「それだけで起業はできないと思うんですけど……。そのいろいろ試す結果が美容雑誌に評価されて掲載されるとか、素材を見分ける力があるとか、プロとしての仕事ができないと起業の種にはならないと思いますけど……。では、どうして起業したいんですか？」

「会社の社長さん、仕事柄たくさん見ているんですけど、かっこいいなあと思って。いつも生き生きしてスケジュール管理して。私もあんなふうになりたくて」

「経営者が生き生きしているのは、自分が取り組みたい、やりたいことがあって、それを何とか軌道に乗せよう、売上を上げようと挑戦していくエネルギーがあるからではないですか？　やりたいことがなくて会社をやっている人はいないと思いますよ」

「最初に会社つくっちゃおうかしら。やりたいことがでてくるかも……」

会社経営者に憧れがある方はたくさんいます。

会社は、やりたいことがあるからできるのです。創業者の「何が何でもこれをやりたい」と思う、並々ならぬ決意とパワーがあれば課題があっても前進していけます。会社をつくれば、後から何かやりたいことができてきて売上が立つだろうというのは、ちょっと甘い気がします。

「会社をつくっても、売上がなくてどうするんですか？　**売上がない会社をつくっても意味がないですよ。**会社は登記するだけでも三〇万円かかります。シェアオフィスを借りるだけでも毎月三万円くらいかかるでしょ。それに、会社は毎年必ず決算を必要とします。税理士など有資格者にお願いしなくてはいけないから、それだけで年間三〇万円以上経費がかかりますよ。それに会社は赤字でも、最低七万円の法人住民税均等割りを納税しないといけないの。最低いくら必要だと思いますか？」

「えーそうなんですかー。つくって維持するだけで、一〇〇万円くらいかかるんですね」

会社はつくっても売上がないということは自分の給与も出ないのです。事業内容は？　売上は？　と聞かれて応えられなければ何のための会社なのかわかりません。会社は赤字会社でも維持するのにお金がかかり、支払いがあります。名刺に「代表取締役」と入れて「私、社長よ」と言っても、それだけでは意味がないのです。

こんな人がビジネスモデルをつくれる

起業は会社登記をすることではなく、ビジネスモデルをつくることです。つまり、「何を売りますか？」ということです。化粧品を売るのか、パンを売るのか、野菜を売るのか、パソコンを売るのか、マッサージのようなサービスを売るのか……。**まずは売るものを決めることから始まります。**

テニスが好きだけれど趣味だからという人と、テニスの趣味をプロにまで高められる人が存在します。プロスポーツ選手は、最初は趣味や好きなことだったものを正しい努力と専門機関で学んだ結果、プロになったのです。スポーツ選手でなくても医師や鍼灸マッサージ師、弁護士などの国家資格保持者、これはプロです。専門的な能力を有し、仕事として独立できます。

これに対して**民間資格は、認知度や信頼度に欠ける場合もあり、独立して食べていくには一工夫いりそう**です。

では、どんな人が起業するのかというと、次の三つの場合がほとんどではないかと思います。

①やりたいことがあり、プロ並みのスキルがある。

②社会で需要があり、役に立つことを見つけた。
③仕事をしていたらその延長線上に起業が視野に入って独立した。
会社経営に憧れるより、資格や経験が趣味の世界を越えてプロとして提供できるものをつくることからです。

私も起業したいと思っていたわけではありません。あったのは自立心と仕事が好き、の二点だけ。とっても楽しく働いていたら、その先に「起業」が現れた。そんな感じです。「起業したい」とネタを新たに探しにいっている女性は意外に少ないのです。

よく「メールであなたのやる気をアップさせて起業しましょう」というセールスがありますが、**あなた自身の内側を変えて、会社ができるわけではありません。**有効なビジネスモデルをつくることが一〇〇倍大事です。

成功者はセレブ生活をアップしない

女子起業というと、ホテルでシャンパンを飲むようなセレブ生活やアーバンライフ、外車、外国の五つ星ホテルに泊まって、ときらびやかな非日常の贅沢な生活をＳＮＳ発信する。そんなイメージを持っていませんか？　それが女性経営者の本当の姿だと思ったら大違いです。私の周囲で成功して相当の資産がある女性社長でさえもそんな発信をしている人は一人もいません。一人も、です。

皆さんそこまでやるの？　というくらいよく働き、仕事に情熱を傾け、二四時間会社のことを考えています。仕事が自分に喜びを運んでくれて楽しいのです。

私もかつて組織があったときには何千万円もの年収でしたが、社員から「社長だけがいい思いをしている」と言われるのが嫌で、けちけち生きていました（笑）。人にセレブ生活と言われるのに嫌悪感すらあります。

会社は公器。社会活動をして社会に役に立つことを目指しているので、自分の生き方を他者に評価してもらわなくてよいのです。自分は自己評価で生きると決め、自分のビジネスが社会で役に立つように一生懸命に働く、それだけです。

回 女子起業の実態と年収

では女子起業の実態は、どうなっているのでしょうか？

総務省データ・起業の実態

次の表は平成一九年に起業もしくは個人事業主として独立した男女の数を年代別にしてあり

［表１］男女別・年代別の起業家数

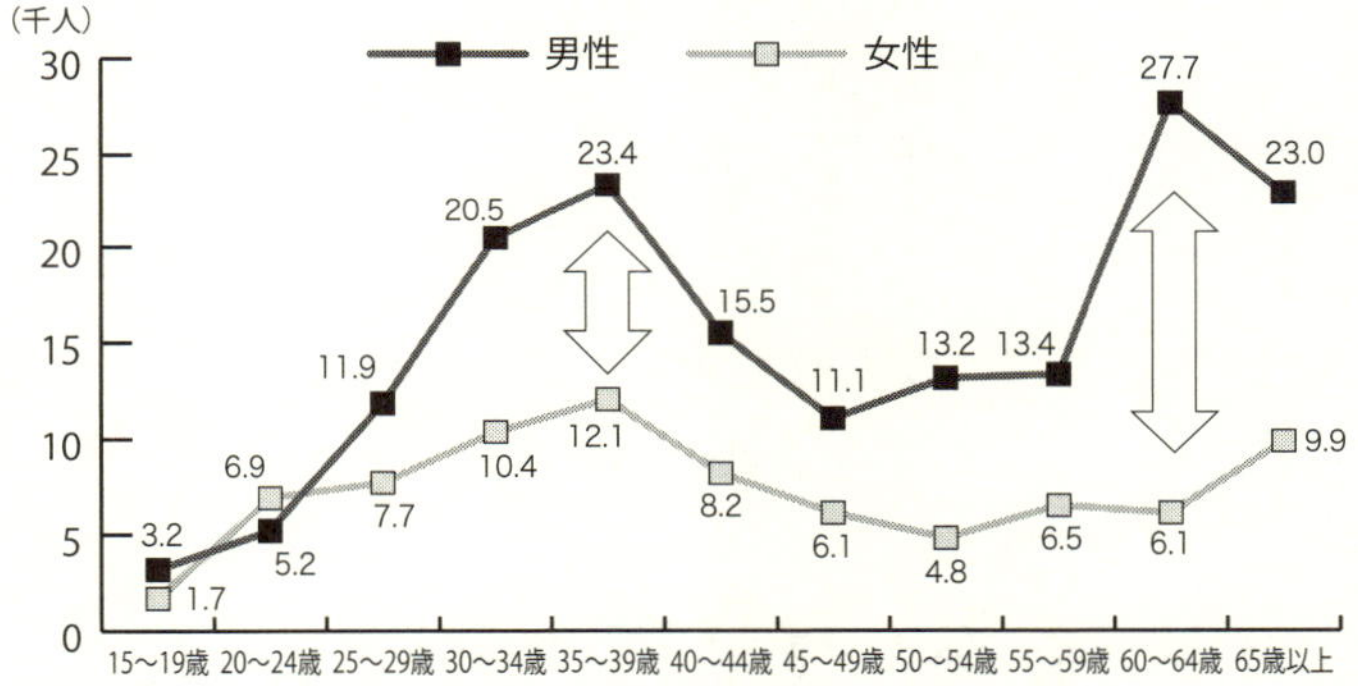

資料：総務省「平成19年就業構造基本調査」再編加工

(注)ここでいう起業家とは、過去1年間に職を変えた、または新たに職に就いた者のうち、現在は自営業主（内職者を含まない）となっている者をいう。

［表２］男女別の起業家の個人所得

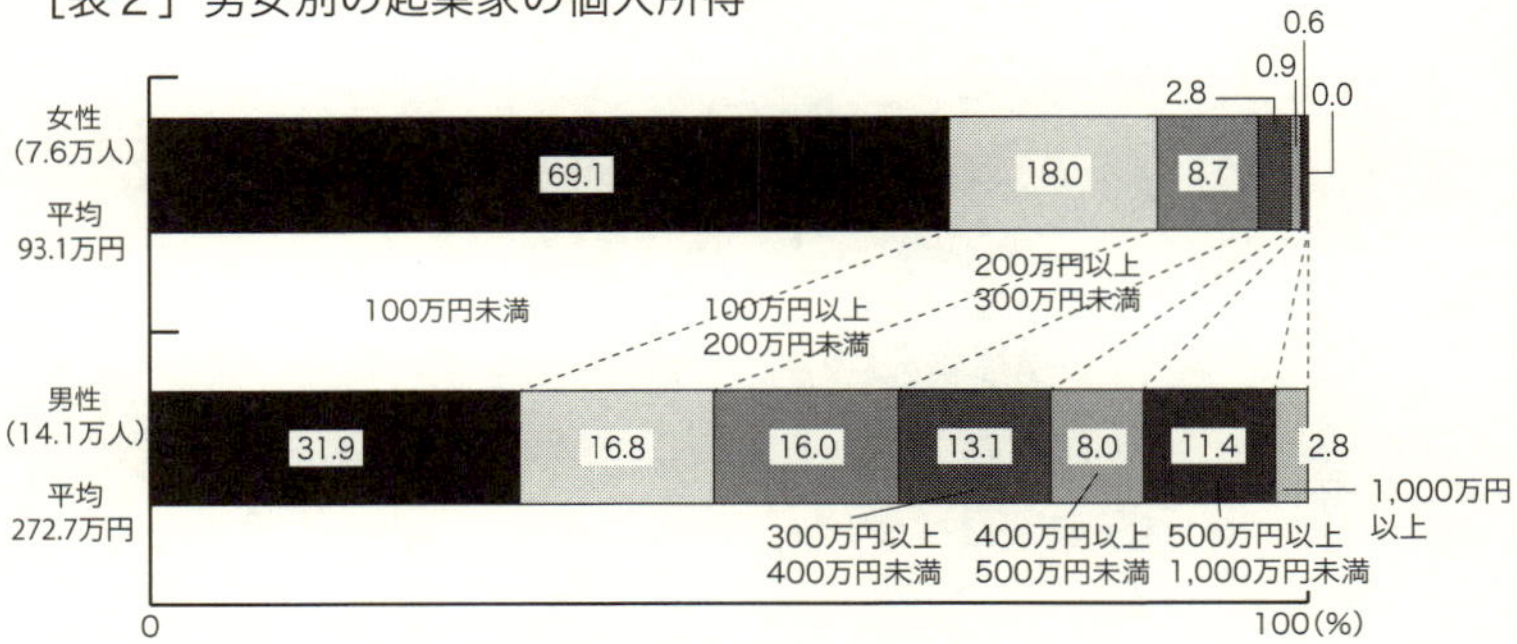

資料：総務省「平成19年就業構造基本調査」再編加工

（注）1. ここでいう起業家とは、過去1年間に職を変えた、または新たに職に就いた者のうち、現在は自営業主（内職者を含まない）となっている者をいう。なお、ここでは、非一次産業を集計している。

2. 個人所得について回答した者を集計している。

3. 所得平均は、「収入なし、50万円未満」を25万円、「50万～99万円」を75万円、同様に他の階層についても両端の平均を用いて推計している。ただし、「1,500万円以上」は1,500万円とみなしている。

ます。総務省の依頼を受けた民間実施の調査です。

［表1］のグラフはいつ起業（個人事業主）したのかというデータです。男性は三〇歳代の起業、六〇歳の定年を過ぎてからの起業が多いのに対して、女性はあまり年代によって差が大きくありません。男性同様三五～三九歳が少し多いくらいでしょうか。男女ともに三〇歳代の独立が多いようです。男性の六〇歳代が多いのはリタイア後に独立する方が多いことがうかがえます。

女性起業家の年収は少ない

［表2］の起業家の年収を見ると、男性起業家の平均年収二七二万円に対して、女性起業家は九三万円という結果です。これはどうしたことでしょうか。女子が夢いっぱいで起業しても、男性経営者の三分の一の年収。さらに女性経営者の七〇パーセントが一〇〇万円未満という年収です。普通は、「起業して社長として成功したら、ＯＬやパートタイムのときより豊かな生活が待っている」と考えます。しかし、このグラフは残念ながらパート勤務の方が良いのでは、と思える結果です。でも、この数字にはちょっとからくりがあります。

①一年以内の独立であること――初年度は事務所を借りるとか設備投資など投資金額が多いので、どうしても役員報酬は少なくなります。

②結婚して夫の扶養範囲で働いているのかも？　だとしたら、経営していて自立できずに扶養とはおかしな話です。
③家賃や飲食費などを必要経費で落としていて、自分の収入を少なくしている。

などの点が考えられます。女性は一人でできる生活密着ビジネスと言われる仕事に従事することが多いようです。ネイルサロン、カウンセラー、エステ、○○教室などが多いという点です。これは個人客相手の小規模ビジネスで売上が少ない、よって自分の年収も少ないということが言えます。

男性経営者と女性経営者の違い

これに対して思うことは男性、女性とも起業するためにスキルを上げる、資格をとるために自己投資をするまでは共通していると思います。でも、大事なのはその後です。

①男性は社会でマーケティングと経営感覚を学びますが、女性はその後、「経営」「営業」「お店の運営」「マーケティング」のために学ぶ時間、お金を費やしていないという一因があるようです。**売上や利益といった数字を追求していないのです。**
②**男性は法人相手のサービスの展開が多いようです。**法人向けサービスは桁が違う売上です。
③男性がネイルサロン、接骨院、マッサージ店などを経営しているケースもありますが、男

性は多店舗展開をします。最初から一店舗でいいなどとは思っていないのです。目指すところが違います。

エステやネイルがうまければ、マッサージがうまければ、美味しいケーキを提供すれば、といったスキルだけで経営できるわけではありません。

個人事業であれば、集客に結びつき、事業の「売上を上げる仕組み」をつくる。そのために必要なのはマーケティングなどの知識です。小規模生活ビジネスの利点は、家の一角でネイルサロンを始める、家の一部屋でエステサロンを始める、絵の描き方を教えるなど、資本やコストのかからないということです。これなら借入金もなく、無理なく働けます。ただし、売上規模も利益もここから大きくはなりません。人を雇用したいと思って募集しても、家の一角でやっている会社ではなかなか働く方は見つかりません。するとこれ以上大きくならない、ということになります。

そして会社にとって重要なのは「戦略」です。どんな小さい事業でも、お金が動くのであれば小さくても戦略は必要です。起業したら、会社員のときの二倍以上の給与をもらえるようなビジネスにする経営の勉強は必要です。

回　女子が陥りがちな起業の勘違い

占い師に頼り、経営を勉強しなかった起業家

フラワーデザイナーをしている女性が起業し、お店を開店する一年前の話です。重大なことだからと友人に相談したら、友人お薦めの九星気学の占い師を紹介してくれました。すると「あなたこの日の起業はダメよ、この日まで待ちなさい。お店の開店はこの日にしなさい、その日が繁盛する日よ」と開店の日にちをアドバイスされ、その結果、お店の契約をしてから二ヵ月、営業もせずに家賃四五万円だけを月々払う羽目になったのです。単純に計算しても九〇万円のロスです。

それでも経営者ならば、新規開店も起業も不安を一掃したいところ。占い師のアドバイスで、これでうまくいくのなら儲けものとアドバイス通りの日に開店しました。さらに開店してからお店に来た自称、風水師の女性が店のインテリアや装飾を見て、「このお花は西側においてはダメよ。赤いグッズを……」と頼んでもいないのに次々にアドバイスをし、「もっと聞きたければお金を払って……」などと、このお店の開業にどれだけ占い師が絡んできたか、とため息

をつきました。

　そして開業から一年。お店は家賃が高すぎて黒字にならず、苦しい状況になっています。五〇〇万円の利益を上げるのに一〇〇〇万円も使う、マイナス五〇〇万円の大赤字経営です。でも、本人は決算書を見てもわかりません。「家賃が高くて身分不相応の仕事をしているなっていうことはわかる」とだけ言います。

　税理士にこの決算書の説明をしてもらったのかと聞くと、レターパックで届けられただけで、まったく自分も見ていないと言います。経費項目すら理解していません。

　無駄な経費もあります。アルバイトの給与計算を社労士にやってもらい月々社労士に支払いをしていました。私が「それくらいは自分でできるはずだわ」と言うと、わからない、できないの一点張りです。

　何から何までわからないことばかりで一年経営した結果がこれなのです。開店日をこの日にすればお店は繁栄するといった占い師の威力はどこへ消えたのでしょうか。

　この話を聞いて思ったのは、**占い師に払うよりエクセルの勉強をして給与計算ぐらいできるようにしておくこと**です。エクセルで売上を予測して、出ていくお金も予測するというロジカルな知識がないとこのままではいくらお金があっても足りない、自分の給与もまともに出ないもの悲しい結果となっています。

占い師を頼っても、経営の基本がわからないと成功は難しい、お金がまったく残りません。収支の計算をして初めて事業が黒字になる、そのための基本を習う。経営者として成功したいのなら、高名な占い師に見てもらったり、神社仏閣に日参することより優先すべき事項、経営を少しでも勉強することです。「教育が高くつくというのならば、無知ほど高くつくものはない」と二五年前に自分が言われた言葉が頭の中でリフレインしました。

占いを信じなかった起業家

次項の「成功事例1」に登場するパン屋の開業を目指していた女子は、起業の手続きで助成金を申し込みに行く前に、後ろから車に追突されてしまいました。開業をしようと決めて手続きを始めたこの重要なときに、むち打ちになり背中がバキバキ、首もよく動かないという最悪の状況になってしまいました。

それを聞いた友人が「きっと時期や方位が良くない。占い師にも聞いてあげる」と心配して言ってきたそうです。占い師は「大殺界だから、今は新しいことを始めちゃいけない、後二年はじっとしていなさい、もっと悪いことが起こる」というようなことを言ったようです。

ところが本人は「助成金の締切が二週間後だから、それまでに出さなくちゃ。そんなことにかまっていられない」と、二日間安静にしていただけで、またフル回転の仕事生活に戻りました。本人は気にする様子もなく、一週間後に笑って私に報告したのです。そして何事もなかったかのように私のコンサルを受け、「商品の利益率」「売上予測」をエクセルでせっせと夜中までつくっては送ってきてくれたのです。

それからの彼女は成功を収め、あっという間に月商一五〇万円ほどになりました。すべて一人で売り上げている大黒字店舗です。一体、大殺界って何なのでしょう?

占い師の言葉を信じて起業の日や開業日を決めても、商売繁盛するわけではありません。変に占い師と関わって良くないことを言われるととても気になってしまいます。でも、占いよりも自分の専門性や、経営の知識を増やす時間の方がどれほど重要かこの二つの例でおわかりでしょうか。

占いは人がより良く生きるためのアドバイスや不幸を避けるためにあるのかもしれませんが、経営を成功させたりしません。そして「開運、開運」と叫んでいる占い師が年収二〇〇万円と聞いて驚きました。「お金が入る財布」「満月の願いの方法」などとSNSにアップしていながら年収二〇〇万円というのは唖然としてしまいます。

世の中の大きな流れがあるのかもしれません。でも自分が生きたい人生を歩むロジカルな知識を自分でつけていかなければ、世の流れにも乗れないということです。

億単位で商売をしている女性起業家で占い師のところに通っている友人は私の周囲にはいま

せん。会社設立日は「会社創立の日は自分の誕生日よ」「司法書士が、大安がいいんじゃない、といったからその日にした」くらいの決め方でそこに占い師が出てはきません。
商売繁盛を願うために占い師のところへ通うのなら、そんなお金と時間があればセミナーでも行った方が良いわ、という力強い発言です。

次の項では私がコンサルタントをしている中で、非常に印象に残る成功事例、三例をご紹介いたします。それぞれ業種は違いますが、〝ビジネスをしたい〟という熱い思いとそれに見合う努力は共通しています。皆さんの参考にしてください。

成功事例❶ パン屋の「FUKUYA」開業物語

身内の介護のために会社生活から離脱した福田真弓さん（三〇歳代後半女子）。「もうこの年になって今さら会社員生活はできないから何か自営業をしたい」という。でも、やりたいことが決まりません。そんな彼女が自分の趣味に専門的に自己投資した結果、一人で驚異的な売上をつくるパン屋さんを実家のある足利市で実現したのです。その成功要因は⁉

□ 何か自分でビジネスをしたい

福田真弓さん（通称福ちゃん）は、「何か事業をしたいんです。アパレル関係の仕事とか、食関係の仕事をしたい」と模索していました。そのため、昼間は興味を持っていたパンづくりの学校へ通い、夜はレストランでアルバイト。合間を縫って友人のアパレル関係のバッグの企画制作を手伝い、「何時に寝ているの？」というくらいアクティブな生活を送っていたのです。

ワークに来たとき、福ちゃんがつくったお料理の写真を見せてもらったのですが、「これが素人の盛り付けなのか」と感嘆。あか抜けていて、とても素人がつくったものには見えません。よく聞くと、彼女のつくるお弁当はとても評判がよいそうです。お花見などのときに手作りのお弁当を持っていくと皆から喜ばれ、パーティーなどで「何か料理をつくって」とリクエストされるほどだといいます。そしてその場にいた映像制作会社の方からロケのお弁当をつくってほしいと注文が入るくらいの腕前だったのです。

「忙しい中、よくこんな素敵な手の込んだお料理ができるね？」

「だって千由紀さん、楽しいんだもの。好きなことは時間を忘れてできるんです」

そう、福ちゃんは働くことも、趣味のお料理の時間もとても楽しんでいたのです。

業界の傾向

福ちゃんのビジネスは、どんな分野が良いのか、食関係かアパレルか業界事情の話をしたことがあります。そのときに、

- アパレル業界は価格下落（デフレ）になっていて、伸び率がほとんどなくなっている。故にこれから参入しても厳しい業界と予想される。
- アパレルより化粧品の売上金額の方が上になっている。だから業界の勢いを数字で把握し

てみるとアパレル業界に進出するのは難しい。

という二点を話しました。

これから伸びていく業界と勢いがなくなっていく業界というものがあるのです。自分がやりたくても、たとえば少子高齢化の日本で、これから大々的に子ども服を販売するとか、おもちゃ販売を手掛ける、というのは数字が大きく伸びないのは目に見えています。このようなことから、彼女はアパレルのバッグ販売の話からは手を引いたようでした。

性格は経営者向き

二〇一六年一月、福ちゃんは個人キャリアコンサルティングで「今年こそは何か食関係の仕事で自立に向けて方向性を見出したい」と改めて話をしました。このコンサルティングでは、性格、**業務遂行能力を見るための適性検査**を行い、その結果をもとに話をするのですが、福ちゃんは「バイタリティーと行動力・企画力があって企画経営向き」という結果でした。

結果を受けて、「すごくバイタリティーがあって経営者向きよ。ちょっと古臭いけど、忍耐力十分っていうタイプ。将来楽しみだわ」と言うと、福ちゃんは「忍耐力だけはありますから」と、美しい笑顔を見せてくれました。そうよね、寝る時間も惜しんで学校へ通ったり、アルバイトしているんだから、そりゃ根性がないとできないわ。この子は働き者だし、いろいろな可能性があるなぁ、まだ若いし……と、私は期待を寄せていました。

「で、食関係って福ちゃん何をしたいと思っているの？」

「お料理を提供する仕事をしたい」

「お料理の提供ってレストラン？　何か他のお料理関係の仕事も含めてそれが可能か福ちゃんの資産の棚卸をしてみようか」

ここで、福ちゃんの「**資産の棚卸し**」が始まりました。

資産と言うと、お金のことだと思うかもしれませんが、人にはお金以外の資格やキャリア、さらに環境や人脈があり、それらをひっくるめたものが、その人のキャリアとなります。

福ちゃんの資産の棚卸し

- アパレル会社でデザイナーとして勤務した経験からデザインセンスがある。
- 友人デザイナーが海外に在住していてアパレル製品の輸入も可能。
- レストランでの厨房、配膳、メニュー作成の経験が三年以上あり、飲食店フローの知識がある。
- 製パン専門学校に通い、パン製造が可能。
- 実家の足利市と今住んでいる鎌倉に人脈がある。

・今月から代官山の製菓学校へ通い始めた。
・自己資金は三〇〇万円、など。

資産としては経験と人脈、そして専門性のあることを確認しました。ここから考えられるのは、経営するからには人に教えられるような、プロ級の何を持っているかがビジネスの軸になります。福ちゃんの場合、食関係の道と方向性が定まりました。

「実家の足利へ帰ったときに、今、足利市が映画撮影に力を入れていて、そのロケの人たちのお弁当を中心に、食の提供、ホテルの提供などに市が総出で力を入れているのを知ったんです。足利市なら格安で借りられる物件も多いから、そんな仕事があるなら、お弁当を出せる小さいレストランなんかやってみたいなぁ」と、足利市で他の企業が提供しているロケのお弁当の写真とチラシを見せてくれました。

「うーん、チェーンのお弁当屋さんのノリ弁当みたい。福ちゃんのつくるお弁当はこれよりぐっとセンスがいいし、この商品には勝てるわ」

「そうですよね～。私、できると思うんですよ」と前のめり。しかし、

「まず、足利市で映画撮影が年間何日あって、どれくらいの人が来ている？　私の実家がある長野も実は映画撮影のメッカになっていて、何本もの映画制作の現場になっているのよ。だからと言うわけでもないけど毎日、毎日、外部の人が五〇人もお弁当を頼んでくれるような状況

じゃないんじゃないの？　その辺の数字をきちんと把握しよう。年間、何日間、平均何人が滞在するのか。それから、ロケのお弁当がたいしたことないのは予算があるからじゃないの？　一食一人四〇〇円と予算が決められたら、二〇人スタッフが来ていて八〇〇〇円の売上。だとすると、お弁当の食材仕入れから四時間もかかってつくり、指定場所に届けて八〇〇〇円だと合わないよね」

「そうか、そうですよね」

「その人たちが夜も来てくれるレストランとしても、いつもいる地元の人に比べて、たまにしか来ない人口を当てにしてレストランを開業しても、コンスタントな売上の目途が立たないよね。地元の人が毎日通ってくれるのなら勝算はあると思う」

開業の場所も「今住んでいる鎌倉に人間関係があるから、離れるのはとっても寂しいし……。東京で食関係の仕事を何かしてみたい気もするし……」と揺れていました。東京で飲食店を出店するとなると二〇〇〇万〜三〇〇〇万円はかかります。

ワンオペレーションビジネス

「もう少し現実化できそうなことを考えようよ。そのためにはワンオペレーションでできることから可能性が広がると思う」

いくら福ちゃんが料理好きだと言っても、一緒に働いてくれる仲間がいないと、シェフをしてホールをして、レジをして……なんて、全部やるわけにはいかないのです。自己資金からしても、東京にレストランを開店するのは難しい話です。

「レストランは複数名の協力者が必要。ワンオペレーション、一人でもできる飲食店の形態を考えようよ。たとえばパン屋さんとか、それならばアルバイトを雇えばできるし、一〇〇〇万円くらいの借り入れで地方ならば可能かも……」と、一人でもできるお店の形態を勧めました。

一〇〇〇万円の借金をしてでもやりたい

ところで、「飲食店となると一〇〇〇万円の借金をしないといけないよ」と私が言うと、福ちゃんは即座に、「一〇〇〇万円出して自分の夢が叶うのなら、借金してでもやりたい」と言ったのです。

いやあ、これこそが経営者の資質です。この発言を聞いて、「頼もしいなあ、この子は本気でやるわ」と私の方がシャキッとしました。

このときはまだ、どこで何をするのかが具体的に決まらず、足利のお弁当の話の可能性がなくなって、食関係のさまざまな分野の仕事を開始するコストと利益の話で終わりました。

何かしたくても「リスクは負いたくない」と考えていると何もできません。かといってビジネスはギャンブルではありません。自分の夢を実現するためにリスクを極力避ける勉強をして、十分に計画してから開始することです。

□自己投資してビジネスモデルを模索

福ちゃんは、この間、新たに代官山の製菓学校、通称〝イルプル〟に通い始めました。「ケーキ教室もやりたいな」、「あの代官山の製菓学校、すごくセンスがいいんですよ。プロの人も習いに来ているし」と、毎回いろいろなことを話してくれました。次々とやりたいことが増えていく様子です。

自分のやりたいこと、興味のあることに躊躇なく行ってみること、しかもカルチャースクールのようなゆるいところではなく、プロ志向のところを見つけてきて自己投資する、その姿勢は素晴らしいなと思いました。

それに、やりたいことが多いというのは才能がある証拠です。いくつもいくつも自分に引き出しがあるということです。「次はどんな選択をして来るかなぁ……」と私は福ちゃんに会うのを毎回楽しみにしていました。

次に会ったときには、パン業界の方たち向けに本格的な製パンの技術を教える「パン技術研究所」に通っていると報告してくれました。彼女いわく、「粉物は儲かります」。パスタ、パン、ケーキなどの粉物は原価が二五〜二七パーセントに抑えることができるのだと教えてくれました。業者が通う「パン技術研究所」へ一〇〇日間通い、パンづくりだけでなく、小麦粉の産地別の特性や価格、原価を計算する基本を習得したことで、社会に本格的に参戦していく経済的な知識が加わったのです。

事業の軸をつくる

事業の軸を「パン屋をやりたい」に絞った彼女は、アルバイト先をレストランから鎌倉の人気パン屋さんに変えました。ここで材料の仕入れ先や売上管理、どのようなパンが人気で売れるのか、客層、客単価、一年を通じての売上の変化などさまざまなことを習得し、経験を重ねていきました。彼女はどんな道もプロとしての腕を身につけるには資格と豊富な経験が必要だということをちゃんとわかっていました。製パンや製菓の学校へ通い、さらにパン技術研究所に通い、パン屋さんで働くという経験を経て「事業軸」を持つことができたのです。

パン教室に通ってすぐにパン屋さんを始めるのは、普通車で富士スピードウェイを走るようなものです。私はこれで失敗した夫婦を知っています。私の近所の住宅街にかわいらしい一軒家があります。あるとき、家の一部を改造してパン販売を始めました。近くに商店もパン屋さんもなく、商機と思ったのでしょう。それでも、私には大手のパンメーカーに勤務した経験があるので、オーナーがパン教室を出た程度、冷凍パンを中心にした商品だなと感じていました。安くて美味しければ人は買うはずですが、その店はパンが安かったのに繁盛していませんでした。思ったように売上が伸びなかったのでしょう。二年持たずに、その家を売り払って転居していきました。悲しいかな、素人夫婦のつまづきです。

このようなことが日々繰り返されるのがビジネスの世界です。商機と思って何かを始めても経営が軌道に乗らない。借りたお金が返せない、経営者の給与が出ないという現実があります。

どこで開業する？

福ちゃんは長年暮らした鎌倉を離れたくない、友人も東京に多い。でも東京でパン屋さんをすると家賃が高い。さらにライバルも多い。いろいろと悩みつつパン屋さん開業への道を模索していました。

あるとき、彼女は実家のある足利市に帰省して、**「足利市では空き家を使った店舗経営に補助金が出る」**という情報を見つけてきました。そして足利市には本格的なベーカリーがない。さらにリサーチすると高校の同級生たちがさまざまな情報をもたらしてくれたのです。

- 近くに製パン学校があるので学生を夕方のアルバイトに雇えるかもしれない。

・同級生が店内改装の建築費を安く請け負ってくれる。

こうしてプラスの要因をいくつか書き出すと、足利市でパン屋さんを経営する、が現実的になってきました。

足利市は、地方特有の人口の流出と少子高齢化でシャッター商店街が多くなり、街の活気が失われてしまうと悩んでいました。そこで「空き家店舗対策」事業として、事業を新たに開始する人に店舗改装費を補助する補助金給付を開始したのです。この情報が決定打となり、「足利市でパン屋さんを開業する」としたのです。

数字を把握する

「福ちゃん、パンの消費が一番多い都道府県はどこだと思う？」

「えー、どこだろう」

「京都なのよ。次に兵庫県。逆にパン消費量が最も少ないのは福島県で三万七三〇グラムと一位の京都府の半分以下なの。すると福島県でパン屋さんをしても、そう売れないかも、って仮説が立つよね。あくまで仮説よ。こういった統計調査は総務省のホームページで簡単に調べることができるの。これからは数字を押さえていくことも必要よ。足利市の人口は何人？」

「えー、何人だろう。一五万人くらいかな？」

調べてみると約一五万人。人口は減少しているものの、世帯数は増えています。ここから考えられるのは一人暮らし、もしくは少人数の世帯が多くなってきたということです。群馬県に隣接しているので太田市など車で三〇分圏内はかなり有望なマーケットの様子です。

こういったことは市町村のホームページでチェックすることができます。ビジネスをするには、そのロケーションの数字を把握することが絶対に必要です。パンは生活密着品です。商圏は半径二キロ範囲ぐらいに住んでいる人口が対象と言われています。その大まかな数字の把握、そして競合店は近くにあるのか、こういった調査はビジネスには欠かせません。

□どんなパン屋さんにしたい？

「パン屋さんやるとは思わなかったなあ」と美形の顔に照れ笑いを浮かべながら、パン屋さん計画が開始されました。

「どんなパン屋さんにしたい？」——あんぱんもあって、クロワッサンもあって、という普通のパン屋さんの品ぞろえにすればいいじゃない？　と思うかもしれませんが、普通の店では、福ちゃんが選ばれる必然性がありません。

福ちゃんには、「今日は何があるんだろうとワクワク思ってもらえるパン屋さん。地元産の食材を使ったベーグルがあって、みたいな楽しいパン屋さん。天然酵母を使うのは当たり前だから、楽しく安心なパン屋さん」と言ってパン屋さんビジョンがすでにできていました。

「自分一人では仕込みが間に合わないから冷凍パンも品揃えに入れたら？ と技術研究所の先生は言うんですが、冷凍パンは入れたくないんです」

今、冷凍の技術が発達しているので、これを活用したパン屋さんは多く、素人でも参入のしやすいビジネスになっています。しかし彼女は本格的なパン製造を望んでいて、自分の腕とセンスで勝負しようという意気込みがありました。そして自然酵母と足利の食材にこだわって、できるだけ地元に貢献したいとも思っていました。そのため、あんぱんの餡も同級生の餡子屋さんに砂糖の配合のレシピを渡してつくってもらおうというこだわりようです。ケーキに使う卵も足利産にしました。こういったところに、本人が仕事の細部にまでこだわっていることがわかります。福ちゃんはパンづくりを愛しているのです。

「一軒家の物件の二階も借りて、イートインスペースにして、ケーキ教室や地元の人の交流の場、イベントの場にしたい」と、夢が広がります。

資金調達

最初は法人にしないで、個人事業主として開業することにしました。補助金申請は福ちゃん自身が手書きで申請書を書き、足利市市役所へ何度も足を運んで補助金が下り「実行」にこぎつけました。

店舗の改装費用は補助なので、全額出してもらえるわけではありません。その他に設備投資も必要になります。資金の問題は残ります。設備投資のための資金はどれくらいかかるのか、パン屋さん開業の資金計画例を日本政策金融公庫のホームページなどでチェックすると、ざっと一二〇〇万〜一五〇〇万円の設備投資が必要ということになりました。では**資金はどうする？**

「福ちゃん自己資金いくらあるの？」

「三〇〇万円くらいです。でもこれを全額使っちゃうと心細いなあ」

それはそうです。普通の三〇歳代の女子が三〇〇万円の預金があるだけでも立派です。足利市でパン屋さん開業と決まってから行動力のある福ちゃんは早速動き出していました。

「千由紀さん、中古でいいオーブンがあったので七掛けでお得に買いました」

「ダメよ、安易に現金で購入しては……。これから冷蔵庫や冷凍庫など厨房設備一切が必要になるから、リースにするなどして現金はなるべくとっておくの、それまだ払っちゃだめよ」

「えーだって、こんな出物はなかなかないってメーカーが言うから……」

「リースにするって手もあるから、**現金はともかくとっておくの！**」

こうして、メーカーのリースを使う方法やリースとローンの違いなどメリット、デメリットを話しました。何でもお得だからと言って設備投資をしていてはお金がいくらあっても足りません。他に必要な業務用設備は山ほどあり、設備品リストをつくり、資金計画を立ててから慎重に購入方法を検討することにしました。メーカーにリースの適用はないのかを問い合わせ、リースの契約内容を直接聞くようにしたのです。さらに、飲食店を経営している方から情報をもらうようにしました。

初めてのことは何もわからないので業者主導で言われるがままにお金を投資します。ただでさえ現金は限られているのに、これをやっていたのでは資金はすぐに底をつきます。

その後、福ちゃんは飲食店を複数店舗経営している社長にこの話をしたそうです。すると、「すぐに購入しちゃだめって言ってくれる人を大切にしなさい」と言われたそうです。経営の経験者だからこそわかり合える話です。

日本政策金融公庫

自己資金三〇〇万円では開業はできません。厨房設備の業務用冷蔵庫やオーブン、内装費用など必要な資金は見積もったら一五〇〇万円。本人はもっと安くできると思ったようですが、お店をつくるとなると設備以外、レジなど備品も必要です。

公的な融資金を調達することにしました。最初に事業をするときには市町村に融資金があるかどうかをチェックします。国や市町村には創業を後押ししてくれる制度があるのです。

次に日本政策金融公庫へ融資の申し込みをします。事業を開始して、四期くらいまでの若い事業者が低利の融資金申し込みをすることができる特権でもあります。そこで、日本政策金融公庫佐野支店に申し込むことにしました。パン屋さんは衣食住の中で需要のある分野です。人は一日三回は食べます。**生活に密着している事業**は需要があり、このような事業を日本政策金融公庫は積極的に応援してくれます。

融資が下りない業種

業種によってはこの融資金が下りない分野、業種があります。

占いや民間資格の心理カウンセリング、ヒーリングの事業に対して日本政策金融公庫の融資金はほとんど実行されることはありません。国家資格の医療、整骨院、マッサージとは民間資格では信頼度も違うのでしょう。日本政策金融公庫の豊富なデータの中に、融資が難しい業種は、産業振興していかない分野とも捉えられているかもしれません。

私が**「地に足が着いた事業」をしよう**と言っているのはここに理由があります

さらに融資ということは返済があるのです。本人のカード会社や携帯電話料金の支払いなどローン返済履歴によっては、審査がパスしないこともあります。個人事業でも毎年きちんと確定申告をして本人がそれなりの収入を得ていないと必要額の融資金が出ない場合もあります。

売上予想をエクセルで作成

開業は投資です。儲かるという計算をするのがビジネスの基本です。売上の計算は商品メニューをエクセルに書きだすところから開始します。一人で一日にどれだけパンをつくれるのか。

アンパン四〇個、山形食パン二五個……。

前日の仕込みから始まって、店頭に並べるパンを実際に業者の設備を借りてつくってみます。

次に、単価に個数をかけていきます。

アンパン一六〇円×四〇個、食パン二五〇円×二五個

それが全部売れれば一日の売上が出ます。さらに日数をかけてエクセルのシートにシミュレーションを**数パターンつくり、月の売上を予想**します。このときに使うエクセルでパンの単価や個数が変わっても一瞬で再計算できるようにつくっておきます。

値決め

さらにアンパンは一八〇円にするか一六〇円にするか、原価計算を考えて設定します。値段の決め方は値決めといいますが、私は小売りのプロではないので、アドバイスできることは、

・周辺の同業他社の単価もチェックすること。
・小規模事業は大手に値段では勝てない、だからこそ「自分のところの山形食パンはイチオシ」という味に絶対の自信がある前提で値を決めること、です。

そして、パンの種類と単価、一日の売上がエクセルで出ました。結果、日本政策金融公庫佐

■平日３ヵ月後の場合

商品名	単価	個数	金額(円)
バタール	250	6	1,500
角食	350	11	3,850
フランス食パン	350	12	4,200
ショーソン・オ・ポム	250	8	2,000
季節のデニッシュ	350	6	2,100
クロワッサン	180	6	1,080
パンオショコラ	200	6	1,200
シナモンクロワッサン	250	8	2,000
あんクロワッサン	230	0	0
パンオフィグ	200	6	1,200
・			
・			
・			
合計			48,000

■土日・客単価の高い場合

商品名	単価	個数	金額(円)
バタール	250	10	2,500
角食	350	14	4,900
フランス食パン	350	6	2,100
ショーソン・オ・ポム	250	10	2,500
季節のデニッシュ	350	8	2,800
クロワッサン	180	10	1,800
パンオショコラ	200	6	1,200
シナモンクロワッサン	250	8	2,000
あんクロワッサン	230	6	1,380
・			
・			
・			
合計			65,000

野支店の方に、「パンの単価、安くないですか?」と言われたそうです。
あっちゃ〜。

返済計画

資金調達をするのはよいのですが、お金は「借りる」のです。「返す」ことを考えて資金計画を立案します。売上から借りたお金を返して、利益が出ないと自分のお給料も出ません。資金計画が甘いと結局は事業の継続ができない、もしくは「自分の給与が出ない」となってしまいます。

先につくったエクセルの売上シートを添付し、このような売上予測になるので借りたお金の返済は可能です。だからお金を貸してくださいと事業計画書を書いて提出し、審査を受けます。

さらに、商売は儲からないといけないのです。「好きなことができればいい」なんて言っていたら、経営者はただ働きになってしまいます。

店名、どうする?

コンサルのときからずっと悩んでいたのが店名です。
「福ちゃんは何か考えている?」

「フランス語で修道女って意味のルリジューズとか、フランス語の……」

「福ちゃん、キーワードと、ターゲットの年代層から考えようよ」

足利市の、オフィス街でもない場所で、昼間パン屋さんに足を運んでくれる人たちは、主婦と高齢層が中心です。

「難しいフランス語じゃない方が良いんじゃない？　地元の人に愛される名前にしようよ。福ちゃんだから〝FUKUYAパン〟とか？　でもお嫁に行ったら福田じゃなくなるから……」

「近隣に発酵所って名前のパン屋さんがあって流行っているんですよ」

「それはなかなかいいネーミングだよね」

「自然酵母って名前にする？」

なんて二人で会うたびに店名を考えていました。

私が提案したのは、**地域の人に親しまれ愛されなくてはいけない**ということと、年齢層と場所を考えて呼びやすいネーミングにした方がよいということです。カタカナのかっこいいフランス語の店名は都会向きなのです。

最終的に、決まった店名は福ちゃんの苗字をとって「FUKUYA」。近くに有名な神社もあり、その参拝客も多いことから、「福」を担ぐことにも掛けました。なじみやすい店名です。オープンしてから来てくれたシルバー層が「〝ふくや〟っていい名前ね」と言ってくれたそうです。地元の方に浸透して愛されそうです。

事業には必ずライバルがいる

日配品には必ずライバルが存在します。

「福ちゃん近くにパン屋さんはあるの？」

「専門パン屋さんはないのですが、すぐ近くに大型のスーパーマーケットがあります」

「そこにはパン売り場があるよね。そしてどこにでもコンビニがありコンビニパンはとても安い価格で提供されている。これはみんなライバルなのよ」

大手は大量生産ですから圧倒的に価格に差が付きます。それに対して手作りパンは提供する数も限られます。そんな中、わざわざパン屋さんに立ち寄ってくれるためにはどうしたらいいかを考えてみました。

「スーパーやセブンイレブンのベーカリーは安いよね。それに多メーカーによる品揃えでバリエーションもあるし……」

「コンビニのパンには価格で負けちゃいますね」

「負けないためにどうすればいいと思う？」と、ライバルとの差別化の話をしました。

「山形食パンは自信があります。それに**美味しさは負けません**」、そう言い切った福ちゃん。

山形食パンの焼き上がりは大手スーパーでは提供できない商品です。それに他のパンに比べて単価が高い。山形食パンをお店の目玉商品として、毎日違う、飽きさせないラインナップにしよう、と決まりました。パン技術研究所に通った福ちゃんは、ここには絶対的な自信があったのです。

□ 基本となる事業計画書の書き方

事業計画書

ビジネスを口で説明はできても、用紙に書くことは苦手な人がほとんどです。

「こんな化粧品をつくりたいと思っていて、デザインは……」

「エステサロンをしたいんです。青山あたりの富裕層ターゲットのおしゃれなサロンを……」

「海外のバイヤーとのコネがあるので、イタリアからの輸入バッグを販売して……」

などと夢を語ってくれますが、実際に紙に書いている人は少ないようです。その概要を、事業を開始するにあたっての基本として書いていくのが「事業計画書」です。

起業女子に「簡単でもいいから事業計画書を書いてみよう」と話をすると、「そんな難しいことできない」、「エステをしたいだけのに、そんなめんどくさいことしなきゃいけないの」と返ってきます。

きちんと用紙に書いている方を見かけたことがありませんが、この気持ちはわかります。自分もそうでした（笑）。私も「営業して、売上を上げているからいいじゃない」くらいにしか思っていなかったのです。ですが、頭の中の考え、**事業の概要を紙に書いて整理**しておくのは必要です。

書くことのメリットは、

- 事業を整理記入することで、自分の頭の中が整理される。
- 金融機関へ融資金の申し込みができる。

従って事業を大きくしていくための原点ができる、ということです。

日本政策金融公庫融資の事業計画書には、事業のすべてがA４用紙一枚に凝縮されています。

一回書いて、修正しながら活用していくこともできます。

事業開始の動機

最初に書くのは、事業開始の動機です。これはパン屋さんでもエステサロンでも、ＩＴ業者でも、どんな業種にも共通することです。皆さん事業を開始するにはビジネスをしたい動機があります。

福ちゃんの場合は、すでに空き家店舗を確保し、足利市から補助金をもらって準備を進めています。先にも書いたように、食の提供は、生活に必要不可欠なものなので需要が高いことは想像できます。さらに、彼女には経験が十分あります。製パン学校へ通っただけでなく、製菓学校、パン技術研究所と専門学校で何年も勉強を重ね、湘南の人気パン屋さんで半年勤務した経験もあります。後は「足利市の食材を使ったパン屋さんを開業したい――」という動機をまとめれば十分です。

広告宣伝

お店のオープンをどうやって宣伝しようか。どこかに告知していくのに、地方だから新聞をとっている世代がまだ多いかも。

「足利の人たちはどの新聞読んでいるの？」

「両毛新聞ですね」

「両毛新聞って何部発行されているんだろう？」

ということで地方の両毛新聞の発行部数を調べて、折り込み広告の料金を調べました。

チラシは、「プリントパックが安いから、パンを試作で焼いたときに撮影してその写真を使おう」「写真はいいけれど文面はどうする?」「オープンだけのシンプルなチラシにして特にお得情報は入れずにおこう」などと決めました。

リスクを考える

「福ちゃん、パンが売れ残ったらどうする?」

小規模店舗ではパンの鮮度が命です。パンが売れ残ったらどうする? 台風が来たり、大雨が降ったりと、**天候に左右されるのは自分の努力外のこと**で、店を続ける以上、そんなことも起こるはずです。

それでも販売しきれない日が続くようなら、ランチどきは市役所やオフィスへ出張して惣菜パン中心に販売するとか、近くのスーパーへ卸販売しよう、などと決めました。そこで福ちゃんが言ったのは、「でも、売れ残らないと思います」。福ちゃんには自分のパンのおいしさに絶対の自信がありました。

お店の許認可

融資を申し込んでから実際に融資を受けるまで、二ヵ月くらいかかります。その間は、許認可の準備をします。パンの製造と言ってもサンドウィッチを販売するとなると「飲食店営業」

の許可、食品衛生責任者の取得が必要です。

店の外階段がある二階は、以前はスナックとして営業していた場所だそうです。ここをイートインやイベントのできる場所としたかったので、消防署に図面をチェックしてもらい消防署の立ち入り許可、さらに保健所の許可、税務署への開業手続きとさまざまな許認可が必要となりました。

このときに私はミスを犯しました。税務署への手続きをてっきり青色申告を選択して開業届を出したと思ったら白色申告にしたそうです。この話はまた後で書きます。

福ちゃんは「早くパンを焼きたいです」と言いつつ、ワクワクしながら「融資金額が全額降りるかなあ」などと期待と不安の両面を抱えて、私と福ちゃんは祈るような気持ちで結果を待っていました。

この間、福ちゃんはなんと「フランスへ旅行に行ってきまーす。だって、お店始まったら海外旅行なんてできないもん」。この余裕が彼女の度胸が据わったいいところです。

その後、「千由紀さんのフォローのお陰で融資もおりました。ありがとうございます」とメールが来て融資金の設備投資は実行されたのですが、運転資金はカットされて一〇〇〇万円の融資額が実行されました。

内装工事も地元の建設業を営んでいる同級生が格安で引き受けてくれて、三ヵ月後に補助金が入金されました。パートで働いてくれるパン好きな主婦も確保。試運転でパンを焼き、プライスカードを作成し、お店も年内に完成。ところが保健所の許可がおりずに年内開業はお預けとなったのです。

このチャンスロスと思っていたことが功を奏したのです。年末に近くの神社に来る多くの参拝客が通りかかり、「もうすぐパン屋FUKUYA開業」と認知してもらえる期間が長かった。そして同級生や地元の知人たちがパートさんの募集から集客まで全面協力してくれたため開業のときには多くのお客様が押し寄せることとなりました。

□開業、その後

年が明けた一月五日、「FUKUYA　BAKERY」がオープンしました。まったく宣伝をせずにオープンしたお店のすべてのパンがなんと九〇分で売り切れ!!

――福ちゃんから届いたLINE――

オープンしましたが、告知もしていなかったのでご近所さんくらいかなと思っていたら一時間半ですべて売れてしまい、品切れを起こしてしまいました。いろいろと改善しなくてはならないことが山積みです。

ドキドキしてメールを待っていた私は拍子抜けしてしまいました。あーよかった、素晴らしい、福ちゃん。ほっと胸をなでおろしました。

その後も、焼いては売れ、焼いている間に行列ができて、出せばまた売れて、仕込みをした分は二時間ほどで売り切れてしまうほどです。すごい！　予想した以上の大盛況の様子です。

リピーター

開店して一週間ほどはご祝儀相場と言われ、物珍しさも手伝って集客はできます。が、顧客は満足しないとリピーターになってはもらえません。福ちゃんの本格的なパンは、まず「美味しい」と評価され、瞬く間に評判になったようです。

その後、一ヵ月ほどして私はＦＵＫＵＹＡへ実際の様子を見に伺いました。大きいスーパーマーケットの裏道にたたずむＦＵＫＵＹＡ。周辺にスーパー以外目立った商店がありません。

Ｌ字型のコンクリートむき出しの店内は、福ちゃんらしい、シンプルで洗練されたデザインで、お金はかかっていないけれどもおしゃれな空間です。お客様が欲しいパンを店員さんに指さし、店員さんがレジ横の網の上に載せていきます。二〇種類ほどのパンがプライスカードとともにおしゃれに並べられ、オープンスペースでお客様に選ばれるのを胸を張って待っている、そんな感じのパン屋さんです。小さなショーケースがパン陳列テーブルの上に載っていて、中にはチーズケーキの見本がフランス製の丸い燭台に載って上品に並べられていました。

店内はお客様が五人も入るといっぱいで、後のお客様はドアの外で待っています。次から次へとお客様が入ってきて、笑顔でパンを選んでいます。幸せが詰まった、小麦の焼けるにおいのする空間です。そして、みんなが福ちゃんを応援してくれているような温かい雰囲気です。

目玉の山形食パンを二斤も買って行った初老の男性が帰った後、「あのお客様毎日来てくださるんですよ。一人暮らしらしいんですけど、なんかすぐ食べちゃうんだよって言って……」

ありがたいことです。きっと福ちゃんのファンです（笑）。

バケットを三本も買って行く主婦の方、二日に一度ご来店くださるそうです。「家に何人もスポーツ選手が合宿しているようですよ」。パンを通じて地元のお客様の人生が垣間見えます。

私はよく「リピーターのつく商売が本当に必要とされる商売です。そこを目指してね」と言っています。リピーターに認知された福ちゃんのビジネスは成功に足をかけました。

パートの方もニコニコしながら接客をしてくれています。子育て中で、パン好きで子どもをお迎えに行く三時までレジをお手伝いしてくれているそうです。そのパートさんが「私もこんなパン屋さんしたいんです」と私に話しかけたら、すかさず福ちゃんが私を指さして「この人に言うといろいろ教えてくれるよ」と笑っていました。

地元の産経新聞にもお店と福ちゃんが掲載されて、若くてセンスのあるパン屋ＦＵＫＵＹＡ

は大人気です。パン屋さんの日販は、一人で焼成して提供となると全国平均で三～五万円。FUKUYAはそれを大きく上回る日販七・五万円を売り上げています。当初の予測を大きく外れました。経営者として大きく花開いたパワー溢れる福ちゃんをとても誇らしく思えました。

最初のうちは目玉の山形食パンが欠品してしまったので、焼き上げ時間と焼く順番を変更したり、最近はコツがわかってきて人気のバゲットは二時からの予約販売にしたりと変更しました。ケーキや焼き菓子を投入してバリエーションをつけて売上アップを図っています。「自慢の焼き菓子セットが好評で、贈答品としての予約も入り、定番商品になりつつあります」と順調な様子のメールが来ています。

売上は四季を通じて管理

夏になって、さすがに売上が順調に伸びなくなりました。食品は、夏場は売上が落ちると相場が決まっています。「暑いとパンも買わないんですね。人もあんまり歩いていないし……」と夏場の閑古鳥を経験したのです。

「休みなく働いてきたから思い切って八月後半はお店を締めて海外へでも行ったら」と言うと本当に八月後半にロサンゼルスにパンの視察に行ったのです。

商売は病気になっている時間もありません。売上が落ちるときは思い切ってリフレッシュに行くのが良いのです。それも四季を営業して初めてわかることです。

海外から戻り、新たに戦力になる人材の採用などがあってさらにパン製造の焼成個数が増えました。これにより一一月は月商一八〇万円を売り上げたのです。

一二月に入ったときには「もっと時間があればクリスマスのシュトーレンは売れるからつくりたいのですが、仕込みが追いつかないんですよ。売上が上がるから楽しくて、ゲーム感覚で売上にチャレンジしています。家に帰ってお風呂入ってちょっと寝て、また仕込みに出てくるみたいな生活で、週休二日でも楽しくて仕込みしちゃうんです」

二年前、「何か食の仕事を……」と言ってキャリアコンサルティングに来てくれたときからあっという間です。販促のために広告宣伝の第二、第三弾方法まで考えていた私はなんだか拍子抜けしてしまいました。ああ、良かった！　良かった。福ちゃんは、センスとパワーがあるから、これから二、三店舗まだ拡大できるわ……。

経費・青色申告・白色申告・利益

売上が落ち着いた七月に税理士の先生をお連れして足利市を再訪。店舗経理の基本をレクチャーしてきました。順調に売上が伸び、融資金の返済は問題ありません。個人事業主は確定申告をします。売上から経費を引いた残りが経営者の収入となります。

「青色申告と白色申告どちらがいいのでしょう？　友人が白色申告でいいと言うので、税務署に白色申告で、と届け出たんですが……」

税理士先生は、「青色申告です。特別控除が六五万円あります。控除というのはね……」と、控除と所得の話をしました。

今年は初年度なので厨房設備費は減価償却があり、経費としては一括で落とせないなど、個人事業主でも税務を理解していないと現金を残すのが難しくなります。仕入れなど経費に目を配らないと売上金だけ追っていてもザル勘定になり、経営者にも会社にもお金が残りません。

これからは福ちゃんの経営を少しずつ見直し、人員の採用や経費、税などを知識習得してもらうこと。さらに小規模企業共済に加入して、個人事業の特典である退職金の積み立てをして経営者個人の資産をどのようにつくっていくかについてのお話をしてきました。

毎月一四〇万～一五〇万円を売り上げていれば、年商一五〇〇万円ぐらいは楽に届きます。二階のイートインコーナーを活用できるようになったら、来年には会社組織にする起業も視野に入れてみよう……。

まだまだ始まったばかりのＦＵＫＵＹＡ。事業継続、それも黒字で続けていくことは体力も含めてとても大変です。

経営から学べる喜びはたくさんあります。楽しみながら事業を継続してほしい。そのために事業拡大を目指す経営にはパンを焼く以外の知識が必要となります。税理士の先生とフォローしているのですが、会社組織となると人材の採用、社会保険料の知識、財務の視点など課題が別に増えてきます。今までのように楽しくパンを焼いて売上に挑戦してというだけではすまなくなってきます。経営者として苦手な部分と向き合っていかないといけません。だからこそフォローをしているわれわれのような人間を最大限に使って頑張ってほしいと思うのです。

□パン屋さん成功の要因

得意な分野が生活密着ビジネス

では、福ちゃんの成功要因は何だったのでしょうか。福ちゃんはもともと料理が得意でした。自分の得意なことを仕事にしています。アパレルにしようかな、食関係にしようかなと悩んでいたときに決め手になったのは、ワンオペレーション（一人でできるビジネス）でできること。地元の人にリピーターになってもらいやすいパン屋さんを選択したのは、本当に賢明だったと思います。

たとえば、レストランでは毎日人が足を運ぶことはまずありません。都会のように人がたくさんいれば、それも可能かもしれませんが、地方都市で、人は毎日レストランで食事をしません。一方、パンならば毎日とはいかなくても、週に何回かは購入の機会がありリピーターが付くという好循環なビジネスモデルになっています。

「まさかパン屋さんをやるとは思わなかった」という福ちゃんの言葉どおり、最初は手軽に始めたことでも、もっと極めたくなって、視野に入っていなかったところにたどり着きました。

仕事大好きパワー

福ちゃんは、見ていてやはりパワーがあります。本人が「根性だけはあります」というように、寝る時間を惜しんで人より働き、貪欲に集中して学ぶパワーがあります。

税理士のところにレジを締めたレシートが送られてくるのですが、締めた時間が深夜一時や二時になっています。営業時間が一一時からとして、その前後の時間は仕込みの時間にとられ、寝る暇もないのがわかります。「睡眠時間三時間ですがそれでも楽しいですよ～」と、苦労を苦労とも思わず毎日が楽しいと言えるパワー。そして教えたこと、課題を夜中でも提出してくる勤勉さがパワーにプラスされ、最強になっていきます。

行動力と自己投資

福ちゃんは、将来パン屋さんになるなどと思っていなくても、「パンづくりをしてみたいなぁ」と思ったら、パン教室に通っています。「この人の料理が素敵だな」と思ったら、個人の料理教室にも通って、自分のやりたいことを始めています。自分の好きなことは躊躇なく行動します。代官山「イルプル」に通ってお菓子づくりも本格的に勉強。レストランに勤務して、メニューづくりや厨房、お店の運営と料理関連の学びをしてきました。業者だけが通うパン技術研究所にも通い、プロ級のパンづくりの研究を重ねました。そして人気パン屋さんでのアルバイトと一本の道に繋がる経験を重ねています。

パン屋さんを開業する人の中には、家庭向きのパン教室で学んだ人もいます。あるとき、パン教室を出ているパートの人に、焼成に参加してもらったところ、全部廃棄商品になってしまったそうです。家庭での料理とプロの料理が違うのはそこにあります。何かをちょっと習ったからといって、事業として食べていけるほど甘い道のりではないのですね。人気パン屋になるのは、**自宅で食べるパンを焼く技術とはまったく異なるスキルと経験が要求されます。**

さらに、福ちゃんは私のところに通ってビジネスの視点も本気で学んでくれました。夜は働き、昼間は学校。その合間を縫って、ビジネスの始め方ワークに通ってくれていました。時間もお金も本物に投資する、「正しい努力」をした結果だと思います。

自己投資はまさしく自分のためです。何者かになると直結して考えなくても、楽しいから趣味の世界にはまって、だんだんうまくなっていくのです。「何かをしたい→楽しい→もっとうまくなりたい」、と順序があります。人一倍専門的に学び行動する、だから何かを掴みます。

魅力的なパンのインスタ発信

福ちゃんのパンは、何より美味しいのです。お世辞抜きで美味しくて、友人に配布すると、次に「買ってきてほしい」と頼まれるほどです。食べものは美味しいことが一番です。美味しければ、人はどこまでも買いに行きます。

いつも違うパンを創作し、曜日ごとに「今日はベーグルの日です」「今日ははちみつ食パンの日です」とインスタで可愛く、スマートに発信。すると、予約ではちみつ食パンは完売になるなどしています。フォロワーは一四〇〇人以上。

毎日、美味しさが異なる、驚きの連続。本当にそんなパンたちです。本人いわく、「通常の焼成に一手間も二手間も掛けている」。だから美味しい。つくり方にも、形にも、そして素材にもこだわっているのです。それが福ちゃんの妥協を許さないプロの仕事となって美味しさに繋がっています。そしてリピーターが付き繁栄しています。

成功事例②

エステサロン「M-iフィール」開業物語

社会に出てからずっとエステ業界で働いてきた和田美歌さん。結婚後も子どもが生まれてからもずっとエステに関わっている根っからのエステ好きです。キャリアと熱意は十分なのですが、エステは生活ビジネスで売上があまり大きくなりません。そこを持ち前のバイタリティーと家族の応援が支えになって、見事生活ビジネスではなく本気ビジネスへと開花させた起業物語です。

□エステをやりたいんです

私は以前からブログユーザーです。自分のスピリチュアルな体験や日々思っていることを好きなように書いていました。あるとき、ブログを使って集客をしようと考えている個人事業主や趣味の世界の方がとても多いことに気が付きました。これが「プチ起業」を助長させているのかも、と。どんな方がブログを使っているのか気になるようになりました。このブログユーザーのお茶会のときに偶然、横に座ったのが和田美歌さんです。私が起業コンサルタントの名刺を出すと、「私、エステサロンをしたいんです。起業を教えてくれる方を探していたんです」と白い歯が似合う笑顔でニコニコと話してくれました。リップサービスかなあと思っていたら、その後、本当に相談に来てくれました。

話を伺ったときに、「私としてはエステやネイルといった生活ビジネスはあまり売上が大きくならないので気乗りしないなあ。起業じゃなくて個人事業主でいいんじゃないの？　子どももまだ小さいし」と思ったのです。

ところが彼女は、「どうしてもエステをやりたいんです。女性はキレイでいないといけないんです」と、柔らかい外見とは違う、芯の強さを感じる発言をしました。私はこの気迫に押されてしまいました。

このとき、私は起業塾を始めたばかりで、自分の得意なB to B（法人相手）サービスでの起業塾申し込みを予想していたのですが、エステサロンと聞いて、ちょっと尻込みしました。以前、ハワイのビューティーサロンに出資していましたが、オペレーションは現地の店長の仕事でした。恵比寿に岩盤浴サロンを開業したときも私は健康部門担当で、パートナーがエステを担当していました。エステかあ?!　と思ったのですが、ただ、起業は三つも果たしているので会社の事業モデルのつくり方や黒字経営にもっていく方法には自信がありました。そんなこともあって、美歌さんには起業塾の初期のお試し料金を提供し、その都度感想を書くモニターとして受講してもらうことにしました。

豊富な経験

美歌さんは短大を出てからほとんどエステ業界で働いています。その間、資格のある保育士をしていた時期もありますが、一一年ほどこの業界に携わっています。そしてアロマテラピーの学校に一年間通学していて、アロマオイルやアロママッサージの知識も本格的に学んでいます。アロマテラピー検定の二級も取得していました。この経歴だけでも本当にエステが好きなんだなあと思われ、事業の動機と経験は十分です。

結婚して夫の赴任先である岐阜に在住していたら、自分のやることがなくて何をしていいのかわからなくなり、うつ状態となってしまい、慌てて東京に戻り、アロマテラピースクールに通学していたとも話してくれました。子どもが生まれる前は、家の一室にマッサージベッドを入れて、手作りのチラシを近所に配布し、近所の主婦をお客様としてエステをしていたというではありませんか。どうしてもやりたい、という本気度が行動に表れています。

現状は、アロマテラピーの学校で一緒に学んだ女性と資本を分け合って出資し、横浜でエステの共同経営をしています。そこではフェイシャルやボディマッサージの他に、脱毛も手掛けています。

エステは生活に必要なビジネス？

美歌さんは子どもがいるのに、私が開催する夜のワークに参加してくれました。美容院は女性なら月に一度はカットやカラーに通院します。でもエステ、ネイルに通う方は限られます。世の女性の何パーセントがエステサロンに足を運んでいるのでしょうか。こうした生活必要度から離れてしまっている業界に、どのように足を運んでもらえばいいのでしょうか。

美歌さんには、３Ｃ分析などで、自分（自社）と消費者、そしてライバルの関係性を考えてもらいました。

衣食住の中に、あいにくエステは入りません。そしてそのライバルは同業者だけでなく、マッサージかもしれないし、温泉宿泊かもしれないし、美容外科かもしれません。その分野から、自分が選択される理由、優位点は何なのだろうと、参加者に自分のビジネスの優位性について考えてもらうワークも含まれていました。

ミーティング内容

一〇月から毎回、ミーティングをして、その都度決定事項や課題などをメモしていきました。

サロンオープン前のミーティングは二月までに一六回に及び、二人で力を併せてサロンの開業までの課題を確認していきました。

□サロンの概要をミーティング

美歌さんはエステ業界ではベテランです。とはいっても、私は、エステってそんなにコンスタントに女性が通うものだろうか？　集客に苦労するだろうなあと心配していました。できるだけ固定費を抑えたいと思い、「美歌ちゃん、お家が広いんだよね。いっそ実家でエステをしたら？」と提案しました。

「ちょうど駐車場もあるしいいかも。でもお父さんが病気だから無理だと思う」

「じゃあ、きちんとサロンを借りて本格的に開業する？　どんなサロンにしたい？」

「お肌に本当に良いものを使ったエステをしたい。私はその人の名前を覚えられなくても、その人の肌で女性を覚えられるんです。エステに行っていない人の肌は荒れちゃっているから、**定期的にお手入れしてあげたい。気軽に通ってもらえるエステにします**」

肌で人を覚えられる？　それって特技なんだろうか。こんなにやりたいってことは、きっと天性のエステ魂がこの子にはあるんだろうなあ、と感じたのです。

事業計画

日本政策金融公庫の融資を申し込む予定で、事業計画書に記載できるようにキーワードをまとめていくようにしました。代表者略歴を記入するのですが、美歌さんはエステに一〇年以上関わっています。資格は社団法人日本アロマ環境協会のアロマインストラクターがあります。アロマセラピストの学校に一年間通って取得しています。これは起業動機にも十分です。

経営理念・方針

・アロマテラピーに関わって一五年、植物療法で体と心が上向く素晴らしさを広げたい。
・女性の心と体を癒す「オーガニックエステ」を提供する。
・月に一度は「キレイ」の結果を出し、通いたくなるサロンを目指す。

場所は美歌さんの土地勘のある小田急線とＪＲが交わる大型ターミナル駅の町田に決め、家賃一〇万円の物件を探すことにしました。

町田についてリサーチ

サロンの候補地を町田とした場合、ロケーションはどうなのでしょうか？　それをリサーチしましょうと、二人でネットで情報収集しました。美歌さんの住居は南町田で、自宅から近いという点がメリット。町田なら二路線が交わる大都市なので、集客に便利という予想です。さらに大病院が多く、看護師さんが働いている町なので、この方たちの需要は大きい、というのは美歌さんの見解でした。

「美歌さん、町田市の人口は何人？」

「えっ人口？」

事業計画書を書くときに必要なのは数字です。来店が予想されるその根拠となる数字を正確でなくても記入する必要があります。ここで、町田についてリサーチしていきます。

- 町田市人口四二万六七二二人、うち女性人口二一万七〇二三人。
- 町田市周辺のエステサロン五七件（ホットペッパーから）。
- 町田駅周辺の病院勤務の看護師、約八〇〇人。
- 近隣にあるエステサロンは中国、台湾人経営でアロマオイルの提供のあるサロンが少ない。
- 大手エステサロンはウェディング、ダイエットなどを中心としたセットメニューを展開していて、気軽に毎月通えるサロンが少ない。
- 町田市にオーガニックを売りにしたエステがない。

こうして入手できた情報をもとに、自社サロンメニューに取り組むことにしました。

サロンを借りる

土地勘のある町田にサロンを借りると決め、一一月に町田の不動産屋を回って、ご主人を保証人にしてワンルームマンションを契約。賃料は約一一万円です。駅から徒歩七分ほどの距離で、セキュリティーもあり、静かで安心できる場所です。以前もエステを提供していた様子がうかがえる部屋です。

□メニューと売上・資金計画・起業手続き

売上予想とメニュー作成

次に、お店の売上を予想していきます。美歌さんには、売上予測エクセルシートを支給して、メニューと単価の入力をしてもらうことから開始しました。

売上はメニューに稼働時間と客数をかけます。平日と土曜は九時~五時までの稼働、日曜は家族のためにお休みです。彼女はまだ子どもの送り迎えもあるので、稼働時間は限られます。

フェイシャルの単価を九八〇〇円にして、一日四人の来店＝三万九二〇〇円、七八〇〇円にすると四人来店＝三万一二〇〇円。では、どちらのメニュー単価にする？

新規客にはお試し価格で来店してもらわないといけないのですが、新規金額はどうしよう？値決めの決定に際して周辺サロンのリサーチを繰り返します。

このシートには、一年分の売上を作成していくのですが、東京に人がいなくなる八月や一月は稼働も少なくなるので売上が落ちます。単品でのメニューではなく、売上を上げるための三回コースの回数券を作成。有効期限はどうする？と、次々に決めるべきことが出てきます。値決めは最後まで右往左往して決定。

予想はあくまで予想であり、どのように新規顧客を獲得していくか、「集客がテーマ」と認識していました。この課題だけでも五回以上ミーティングを重ねました。新規で決めていく事項が山積みです。

初期費用

さらに、売上と融資金返済の損益分岐点の確認など何度もパターンを書いて、売上の確認作業を続けました。事業計画書は、その数字に妥当性があるかどうかによって融資金額が決定します。ここをおろそかにしてビジネスは成り立ちません。

本格的にサロンを借りるにはお金がかかります。初期にかかる経費をざっと出してみるとこんな感じです［表1］。
合計四四三万円となります。自己資金三〇〇万円以外に資金が一四三万円は必要です。

起業手続き

エステサロン一店舗なら個人事業でもいいのですが、三店舗以上の展開をすることを目標に、自己資金三〇〇万円を資本金にして会社設立を計画。
「会社登記の前に決めることがいろいろあるのよ」と、一月に司法書士のもとに同行しました。会社設立の用語を解説しながら、株式会社登記の申し込みをします。司法書士の鴨宮先生は、私が自由が丘のワンルームマンションから出発した創業仲間で、二五年もの間お付き合いしている信用できる方です。よもやま話を交え、登記手数料も少しおまけしていただきました。今は全国どこからでも会社登記は可能です。

［表1］初期費用

（円）

賃料	100,000
保証金・手数料	550,000
機器代金	2,000,000
広告・宣伝費	400,000
内装費・設備	800,000
ベッド・備品	500,000
化粧品仕入れ、サンプルなど	80,000
合計	4,430,000

株式会社設立の登記事項

目的や商号、資本金の額などを決めていきます。会社名は美歌さんの美をとって「Mi《エムアイ》（美）フィール」、つまり「株式会社エムアイフィール」としました。

「資本金はいくらにしよう？」

今は一円からでも会社登記ができますが、サロンをこれからオープンするのにお金がかかります。一円では最初から赤字会社になってしまいます。株主は美歌さん一人です。一株はいくらにする？　から公告はどうする？　など用語も含めて説明していきます。その結果、一株一万円で三〇〇株、資本金は三〇〇万円と決まりました。このお金を銀行に払い込みます。

事業でいう「目的」を書きます。**目的とは事業内容のこと**です。美容業、エステサロン、そこに教育も追加しました。これは将来エステサロンの中でアロマオイルやエステについて教えたい、教育事業をしてその生徒の中から雇用する、独立していく方が出てくれば多店舗展開しようと計画したからです。

事業内容

まつ毛パーマもしたい、と話が出たのですが、まつ毛パーマは美容師資格がないとできません。将来的にメニューになるかどうかはともかく、美容院の経営も事業内容に付け加えることにしました。許認可が必要な場合があるので、事業内容は想定されることを記載しておくことです。そうでないと目的を変更、付け加えるときに後から登記変更費用が発生します。

会社の印鑑

「会社の印鑑をつくるとき、印鑑会社のホームページには会社設立印鑑三点セットって書いてあるけれど印鑑は一つだけ単体でつくってね。三つつくっても使わないから無駄なの。**一つの印鑑をどんどん使うことで印鑑は力が付くのよ**」とアドバイス。

起業は出産と同じ感覚

ちょうど東京都が女性のための起業を推進しており、東京都融資金の募集をしていたので、これに申し込むことにしました。

「東京都の創業助成金を信用金庫がフォローしてくれるから城南信用金庫、南町田支店と今後はお付き合いしていくことになると思う。登記が完了すると謄本が出るから、その謄本をもって会社名義で新規口座をつくって三〇〇万円の資本金を払い込んでね。そこから必要な経費を支払いしていくのよ」

鴨宮先生のところに同行したときに美歌さんが話してくれた言葉が印象的でした。

「なんかとってもワクワクするし、新しい世界が始まる期待感がある半面、なんだか不安でこの気持ちは以前に味わったことがある。そうだこの気持ちは出産の前の気持ちと同じだ。起業も出産も同じなんですね。**女性はみんな出産できるでしょう。だから女性は誰でも起業できる**と思うんです」

この美歌さんの言葉、なるほどなぁと思いました。私は出産の経験がないけれど、素敵な言葉だなあ。美歌ちゃん、経営者として大きく育ってほしい。私も会社が子どもでした。とっても手がかかるけれどもかけがえのない子ども、それを産み出すためにこれから扉を開けるのです。

東京都創業助成金

東京都の創業助成金は、信用金庫と組んで創業支援するという制度です。通常の融資の利息を〇・二パーセント東京都が負担してくれるというものでした。このときには特典として女性の起業支援として三〇〇万円無条件融資という募集要項がありました。

この融資を受けるには都主催の中小企業診断士の講習会に二日間参加する必要がありました。この講習を経て、東京都の融資金を申し込むため、融資金の明細や購入する商品のパンフレットなどを添付します。この融資申し込みの中で大きい金額を占めているのがエステの機器でした。美歌さんは「この機器は美白と脱毛の両方に活用できるのでこれを買いたい」と主張します。

「それは絶対に必要なの？」

「千由紀さん、これがあるからうちのエステに特徴が生まれるんです。このレーザーの先の部分を変えると脱毛も、シミ取りもできるんですよ。これは絶対に必要です」と譲りません。

「でも脱毛は基本的に医療行為だから、全面的に出さないほうが良いんじゃない」

「全面的には出しませんが、オプションで付ければ単価が上がります」

エステが本職の美歌さんが言うのだから正しいのでしょう。

この機器の購入代金とベッドなどの内装の費用四〇〇万円の融資金の申し込みをしました。同時に、サロンの内装も進めていきます。

サロン内装工事

以前、私のワークに参加してくれた建築業、内装デザインをしている刑部さんに工事をお願いすることにしました。大手化粧品メーカーのエステサロンの内装経験があります。町田まで足を運んでもらい、内装提案をしていただくことにして現場を確認してもらいました。

「美歌さん、予算は？」

「五〇万円でお願いしたいんですけど」

予算を五〇万円と伝えるとちょっとびっくりして、それでも快く内装工事を引き受けてくださいました。

「エステは日常ではなくて非日常。非日常の体験にいざなうためには、チープな内装は不向きだと思う」と打ち合わせていたのですが、実際は個人での資本投下には限界があります。

「かなり無理を言っているなあ」と感じましたが、小さい空間でもプロの目線でいろいろ考えてくださいます。数日後には図面を見せてくれて、タオルを入れる棚などはニトリやＩＫＥＡで購入できる商品をセレクトしてくれました。自分の予算に合わせて買うといいですよ、という優しい刑部さんの心遣いでした。

ベッド二台を入れて稼働させるための導線を付けます。カーテンで仕切り、化粧室を整え、備品を購入。さらにお店のロゴマークまで作成してくださって、予算通りにリーズナブルで素敵なお店ができました。待ちに待った美歌さんの仕事場が一二月に完成しました。

取引銀行

東京都の融資金は指定された信用金庫との取引になるので、自宅の近所にある城南信用金庫の支店に個人口座を開設しました。サロンの内装工事中、城南信用金庫の行員の方がやってきて、聞き取りをしていきます。エステは実はあまり信用されていない業界です。なぜかというと、二〇回も三〇回ものセット料金を前払いさせて、その後いなくなってしまう業者や、通えなくなっても払い戻しに応じない業者などのトラブルが絶えないからだということでした。

城南信用金庫の行員の方は、内装中のサロンを見て、きちんとこれから事業をするのだなと確認する意味もあって訪問したのでしょう。

融資金に関する質問は、機器のパンフレットと見積書を確認したうえで、

・これを使ってどのようなメニューを考えているのか。

・この機器がないとサロンはできないのか。

・この機器が壊れたときにはどうするのか、保証はついているのか、などの項目でした。

銀行からは運転資金を融資してもらうことは基本的にできないので、機器や設備が対象です。

結果的には融資金三〇〇万円が二ヵ月後に実行されました。ほっと一息です。

□ 事業計画書

競合に対する差別化

さらに事業計画書では優位性や競合に関する差別化をどのようにするかを記載しました。

・町田初のオーガニック化粧品によるエステを提供。
・アロマエステ一六年の技術で個人の肌質に合わせたアロマオイルの調合。
・フェイシャル機械RFによる美白メニューの提供。

ターゲティング

・九：〇〇～一八：〇〇を営業時間として、学校に子どもを送り出した後の主婦を取り込む。
・町田周辺の病院勤務の看護師、近隣の友人・知人への告知で集客をする、と決めました。

将来事業と雇用

・一年後にはアロマオイルの効能、身体の仕組み、マッサージ技術を教えるスクール事業を開始し、施術希望者の育成コース（半年）を計画。
・育成コースには社団法人アロマ環境協会のマニュアルを使用。
・育成した施術者をサロン従業員として雇用するとともに、近隣地域に三店舗のお店を五年以内に出し、従業員七人体制を目指す。

事業計画にはこのような内容とともに、必要な経費、収支計画を提出しました。この計画が必ず実現できますように――そんな願いを込め、二人で何回もミーティングを重ねたのです。

□カード決済・広告

広告ツール

「美歌さん、広告ツールはどうする？」

今やホットペッパーがないと新規顧客は獲得できません。このサイトに登録して広告宣伝費をかけることにしました。美歌さんは今の共同経営のサロンでもホットペッパーで予約をとっているので、ホットペッパーの活用になれていました。町田・エステで上位にランクされるサロンは広告宣伝費をかけているサロンです。毎月のホットペッパーの広告宣伝費を五万円計上することにしました。

カード決済

サロンでカードが使えないといけません。今は携帯電話に付けた装置で手軽にカード決済ができるシステムが普及しています。こちらを利用しようとカード決済会社三社の比較表をみながら問い合わせたのですが、どれもエステサロンの利用には消極的です。

エステはトラブルが多い業界とみられている影響がやはりあるようです。これは何か手立てを講じないとカード時代に乗り遅れちゃうなあ、と感じているときに、「スクエア」でカード決済の利用ができることになりました。

オープンまでに電話やネットのプロバイダーの申し込み、看板の製作やロゴデザイン、名刺の発注と雑事が続きます。だんだんサロン開業が近づいてきました。

物販・化粧品

「使用する化粧品はどうする？」

美歌さんはオーガニックの化粧品を使いたいという要望を持っていました。このとき、私のワークに熱心に通ってくださっていたシナリー化粧品の井上社長と同席になったのですが、この「石油を一滴も使わない化粧品」というコンセプトに共感し、美歌さんが個人登録をしてサロンでシナリー化粧品を購入することにしたのです。

サロンのコンセプトは「肌に良い商品を提供したい＝オーガニックエステ」に一致しました。ただ、問題点があります。オーガニック系の商品は高いのです。普通お店では、サロンで使う化粧品は安いもの、販売する化粧品は高いもの、と利益を出すために使い分けします。これではエステに通っていても効果のほどが疑問となってしまいます。美歌さんのポリシーはお店で使う商品と販売する商品を一致させる誠実なサロン姿勢です。化粧品販売のノルマを敷いている大手のエステとは一線を画しています。

良い点は、業務仕様になっていないので在庫を置かなくていい点です。使う分だけの少量の注文で済むのは美歌さんにとっては負担がなくてもっともよい点でした。私のワークに来てくれた仲間と縁が繋がり相乗効果が出たことは嬉しい出来事でした。

□サロンオープンと集客

集客

三月に町田に「オーガニックエステサロン・ミフィール」をオープンしました。下の子は小学校へ上がるタイミング、上の子は中学校へ上がるタイミングというお母さんとしてとても忙しい時期に、「うちの家族はみんな一年生」と言って明るく笑っている美歌さん。言い訳をせず、時間をつくり本当によく頑張ったと思います。美歌さんは「起業は心が折れることばかり。でも千由紀さんがいてくれて、私に説明してくれるからビジネスが前に進んでいきます」と言ってくれます。

最初のうちは、集客はホットペッパー頼り。そして美歌さんも積極的に朝活などに参加してサロンをPRし、地道に活動していました。ホットペッパーの顧客には美歌さんと面識がないためか問題もありました。一見《いちげん》のお客様は、突然キャンセルしてきて振り回されるような事態も何回かあったようです。

私も実際に美歌さんのボディマッサージを受けたのですが、彼女はお世辞抜きでうまいのです。「私は腕には自信があります」と言った言葉がよみがえりました。やはり一一年もの経験があると腕が違うのです。何とかお客様、リピーターが付いてほしいなあと願うばかりでした。

定額エステを取り入れ売上倍増

当初の売上計画の四割くらいしか達成できない状態が三ヵ月くらい続きました。そのときに、エステ集客専門のコンサルタントのシステムを取り入れたのです。九八〇〇円のフェイシャルが四九八〇円で毎月通え、一時間で終わっていくというシステム。費用はペイパルで自動引き落としです。

会員制の定額エステとし、フェイシャルを四九八〇円で募集したところ、すぐに定員六〇名が埋まりました。これが転機となり、ミフィールは順調に売上が上がっていくこととなります。

フェイシャルエステ六〇分、四九八〇円は格安です。当初ミーティングしているときに私が

「九八〇〇円のフェイシャルって高くない？　毎月なんてＯＬは通えないじゃない」といったときに、「九八〇〇円は安いですよ。それ以下の料金なんて難しいです」と言っていた美歌さんが、さすがにもっと集客せねばと思って、思い切って判断したのでしょう。これが大きな転機となりました。

でも私には危機感がありました。

・**安いエステを提供して利益が出る**のだろうか？

・六〇人を毎月こなすということは、当初言っていた「癒しの空間を提供する」になるかどうか？

・毎月引き落としになるペイパルの料金、予約が思うように入れられなかったときにトラブルはないのだろうか？

その後、この三点について聞いてみると、皆さん毎月エステに通える料金に納得している。終了したときに、翌月の予約も入れていくので予約が取れなくなるトラブルは特にないとのことでした。そして、これには**副産物があった**のです。これはエステのベテラン美歌さん、よく考えたなあ、と感心した点が二つあります。

一つは、着替えのための部屋があるのですが、そこに「レーザーの美白十三〇〇〇円」、「脱毛十三〇〇〇円」など、オプションメニューが書いてあるのです。

年齢が上がるほど、お手入れに手間がかかることを居酒屋メニューのように貼りだしました。お客様は、着替えながらそれを見てオプションを選択するのです。定額エステにプラスして単価が上がるのです。

もう一つは、お客様はエステで使っている化粧品を購入していきます。これは美歌さんが本当に工夫していて「オーガニックのＵＶクリームは子どもにも使える」と自分の子どもの写真入りで説明しているのです。皆さんが化粧品を購入するようになり、物販の売上が上がっていくこととなり、客単価アップに成功したのです。

□ さらに拡大の成功要因

スクール事業開始

美歌さんのサロンは順調に集客が可能になり、当初の計画どおり、土曜日にアロマテラピーのスクール事業を開始しました。

①セルフケアのためのアロマテラピー
②家族向けのケアのアロマテラピー

③中級者以上、プロのエステシャンになるためのコース、と受講時間をどんどん増やしていく三つのコースをつくり、土曜日に開催しました。

最初は0期から始め、モニターとしてすぐに四人の受講生が集まりました。その後本格的に募集したところさらに受講生が六人。そのときにアロマコースを受講した女子が、エステで働きたいと申し出るようになりました。一人はパート、もう一人は正社員として雇い入れたいと相談がありました。二人採用してうまく回せるようになると二台のベッドがフル回転します。

人材の雇用

「パート社員の時給はどうしましょう。主婦だったら、八〇〇円でも働いてくれますよ」

「町田市は東京都だから東京都の最低賃金があるの。今引き上げが行われて九五八円のはずよ。だからそれ以下の賃金はダメなの」

そして「私だったらパートの方の時給を一〇〇〇円にして、プラスその人が化粧品を販売した代金の三～五パーセントを支払う。その方が、化粧品を販売する意欲が増すでしょう」とアドバイスしました。

その後、二人が勤務してくれるようになり、今まで一台しか稼働していなかったベッドが、日曜日や夜間も稼働するようになり、二台フル稼働できるようになったのです。ますます売上がアップして「千由紀さん、忙しいけれど幸せです」というＬＩＮＥが来たのです。

人の育成は順調に進んでいますか？　同じサービスが提供できていますか？　と聞いたときに、「従業員にも四九八〇円の定額エステに申し込んでもらって私がフェイシャルエステをしています」とのこと。

美歌さんは私が思っているより経営者としてしっかりしています。この結果、サロンのオープン二年目にして一〇〇〇万円を売り上げるような人気店になりました。

ＬＩＮＥで「千由紀さん、売上が一〇〇〇万円になりました」と連絡が来たときに、「ああよくやった美歌ちゃん、あなたは本当に偉い」と返したいところを、私はあえてだいぶ厳しく「次に自分の年収一〇〇〇万円を目指しなさい」と返したのです。

サロンの打ち合わせをしているときに、「旦那の年収を越えたい」と勇ましい話をしてくれました。そのときに「年商一〇〇〇万円は年収一〇〇〇万円にならない」と話したことがあったのです。まだまだこれから会社として伸びていくのです。ここからが本当の経営者としての成長が始まり真価が問われます。サロンが成功して、年商が一〇〇〇万円ということは経費を引いて経営者の年収三〇〇万円となってしまいます。それでも立派な自立です。とはいえあのホンワカ美歌ちゃんがこんなにやってくれるなんて、と涙が出ました。

私の思いは、経営者はそれなりの年収を上げること。これから会社が拡大していくステップに何があるかわかりません。そんなときにお金を出すのは経営者です。だから経営者は相応の報酬をとり資産をつくっていないと、ただ忙しく働いているだけでは会社は大きくなっていきません。

美歌さんは銀座にお店を持ちたい、三店舗エステ店を持つという目標がありました。その夢を叶えるには自分が役員報酬を適正に取り、銀行が喜んでお金を貸してくれるような企業体にしていくことです。

夢は意外に早くやってきました。行動力のある美歌さんが素早く動き、私の知り合いの銀座の不動産屋さんと縁ができて、なかなか出物がない銀座で良い物件にめぐりあったのです。九月に二店舗目オープンの運びとなりました。内装は、前回お願いした刑部さんも登場です。年収一〇〇〇万円に向かってはばたけ、美歌ちゃん。

エステ成功の要因

「エステをしたいんです」といって名刺交換してから三年目。町田サロンのオープンから大きく飛躍した美歌さんの成功の要因は、やはり彼女の専門的な経歴です。短大を卒業してからずっとエステ業界で働き、一〇年以上の経験があります。スクールにも一年間通っています。プロとして提供できる自信があるのです。そして何よりエステを愛しています。

彼女はいつもほんわかして癒しエネルギーに包まれています。彼女に会いたくて、その手に包まれたくて月一回通う、その気持ちがよくわかります。

「子どもがまだ小さいから」、「夫が反対するから」と、何かにつけできない理由を言う女子はたくさんいます。でも彼女は言い訳をしません。そして妻の事業を応援する夫を始め、家族も協力体制バッチリで、とても素敵な家族です。やりたいことは何が何でもやりたい、その芯の強さが実現できた起業です。

□会社を大きくしていくステップ

B to C（会社対個人）ビジネスの場合は、女性経営者の実態にも書いたように、月商一〇〇万円のエステサロンと言えば素晴らしい売上です。でも経営者の年収（役員報酬）は一〇〇〇万円にはなりません。たとえば、エステをするにしても自分がセラピストとして勤務し、1店舗の経営で売上が六〇〇万円だとすると、経費を引けば自分の年収が二〇〇～三〇〇万円位でしょうか。すると青色申告で十分です。

ミフィール起業から二号店出店までのステップを見ていきましょう。彼女はエステ業界で一一年間働いています。知識や経験が十分ありました。満を持してのオープンです。
①お店のコンセプトを考え、企画プランニングする。
②一号店を出店する。
③集客方法を考える。美歌さんの場合は定額格安エステを採用し、「集客、集客」と言わなくてもよいビジネスモデルにする。
④化粧品を販売して客単価を上げる。
⑤スクール事業をする。
⑥スクール事業の中で、エステサロンで働きたい方が出てきたら、雇用する。
⑦二台のベッドがあれば、ベッドが空くことなく回転する勤務体制にする。
⑧社員の育成に力を入れ、店長を任せる。
⑨経営者は役員報酬を取り、自己資金を貯める。
⑩二号店の出店計画を開始する。
⑪自己資金を元手にして金融機関に融資を申し込む。
これを繰り返すことです。そのためにはさらなる人材育成やマネジメント、さらに経営の知識が必要です。経営者自身が十分に役員報酬をとれるようになってから出店計画をする。多店舗展開を急がないことです。

成功事例③ 総務請負業「オフィスレオン」開業物語

離婚して働いていた夫の会社から独立することになった藤井奈美さん。でも誰をターゲットにしてどんなビジネスを開始すればいいのか、事業の確立に苦悩していました。そんな奈美さんですが、勉強会に参加することで他社と違う社会的な優位性をだんだんと自覚するようになりました。そして協会ビジネスに興味を持つようになり、事業モデルづくりをして自立していく起業物語です。

□創立メンバーだった会社からの独立

友人の紹介でワークに参加してくれた奈美さん。六本木ヒルズでお会いしたときに高校の後輩と知ってビックリ。そのときにたまたま勉強会に参加してくれていた女子も同じ高校。なんと三人が同じ長野県の女子高校出身者だったのです。

奈美さんは高校時代は新体操でインターハイを目指し、私もバドミントンのインターハイ組。

何と家も車で五分と近く、この先の展開が何やら楽しくなってきそうな出会いでした。

奈美さんは夫とともに始めた映像制作会社の総務人事部門をずっと支え、役員として勤務しています。社員の採用から育成、総務人事、経理を彼女が担って会社は七〇名の社員を抱えるまでに成長し、自社ビルまで購入するに至りました。

社員の管理をしていると、膨れ上がった社員の数、残業の多い職場で疲弊していく社員、勤怠がどんどん悪くなっていく社員、精神を病んで休職を余儀なくされる社員、と長時間労働によるモチベーションの低下で社員の不満がたまっているのを肌で感じていました。不平不満を言っては経営陣と対立する社員、そのあいだに挟まれる総務人事部門。このままの状態では社員にとっても会社にとっても良いことではありません。

社員にはもっと幸せに働いてもらうために、**「働き方改革」を推進したい**。社員が精神的にも肉体的にも健全になり、会社のためにもなるように何か手を打ちたいと考えました。

奈美さんはこの会社にはメンタルヘルスのスペシャリストが必要だと実感し、産業医とも相談して「メンタルヘルス」の勉強を開始することにしました。そのときはまだ子どもが小さく、時短勤務をしていて、部下に労務と経理のほとんどを任せていたので、学ぶ時間が取れたのも幸いでした。

EAPを学ぶ

スクールは、半年間通って「メンタルヘルスマネジメント」の資格と「ＥＡＰ心理カウンセラー」の資格を取得するというもので、ＥＡＰコンサルタントとしてのノウハウも教えてくれるスクールでした。奈美さんは、そこでかなりの時間と労力を費やし資格を取得。カウンセラー試験に合格したその月に、欠勤しがちの社員から就業に関するカウンセリングの依頼を受けたのが奈美さんの初めてのカウンセラーとしてのお仕事となりました。

奈美さんは社員が健康で働くのと同時に、リーダー育成の研修の必要性、その中にはＥＡＰも含めて会社の外側から支援する形が最適だと考えています。それで社員教育をした方がよいと思うようになり、日々社長に進言。結果、社員と日ごろ接していない社長と対立し、長年の経営方針、プライベートな問題で夫婦の溝は深くなるばかり。そしてついに離婚することになりました。

〈注〉ＥＡＰとは Employee Assistance Program の略で「従業員支援プログラム」のこと。ＥＡＰカウンセラーの仕事内容はカウンセリングだけではなく、職場環境を良くしたり、従業員のセルフケアやラインケアを促したりします。具体的には心理相談、衛生委員会の企画運営、ストレスチェックの実施分析、休職者や復職者に対する支援などを行います。

離婚と独立

奈美さんは前の会社からの離脱のタイミングで起業すべく、私の起業塾へ来てくれたのです。私と出会ったときには離婚前提であること、独立して当分は前の会社の社員のメンタルサポートと研修をしていく、と言っていました。

家庭には二人の男の子がいます。まだ下の子は保育園に通っています。そんな状況にもかかわらず、離婚するとは相当なエネルギーです。

長年役員として勤務すると、**役員退職金規定**がある会社がほとんどです。

「役員退職金はもらえるようになっているの？」

「そんな規定があるんですか？　うちの会社にあったのかなぁ？　税理士さんに確認してみますね」

これから幼子を抱えて生きていかないといけません。まずは金銭を確保しないといけないのです。子どもの学費、今住んでいる家の権利、慰謝料、さまざまなことが一気に押し寄せてくることになりました。

幸い、会社も黒字会社でしたので、顧問税理士さんが強く言ってくれて役員退職金が出ることになりました。奈美さんは独立よりも離婚のことで頭がいっぱいです。

「離婚はもう二人の間で成立しているから、調停も必要ないと思う」というものの、夫婦共有名義のマンションなど、資産があります。

「奈美ちゃんと同じマンションに住むＪＣ（青年会議所）の同期が優秀な弁護士だから私、紹介してあげる。相談は無料なので、ともかくプロの視点で一度アドバイスをもらった方が良いよ」と言って、弁護士を紹介し、離婚までの４ヵ月間フォローしてもらいました。後に、「あのとき弁護士さんを紹介していただいて本当に良かった。やはりプロの視点と公的文書の安心感は違いますね」と言ってくれました。

起業とは直接関係ないのですが、なぜこのことをあえて書くかと言うと、相談に来られる方の中に「夫と離婚して独立したい」という女性が相当数存在します。人生の大きなターニングポイントである独立、離婚、引っ越し。人生が一八〇度変わるような事態が一気に押し寄せてくる女性は、ここからどのように人生を軌道に乗せるか、自立、独立へのキーポイントです。

そして経済的な自立、精神的な自立、この正比例する自立をつくっていくには大きなエネルギーを必要とし、精神的にもタフさを要求されます。出会った直後の奈美さん、気になっていたのは、パワーを持っているのになんだか伏し目がちで、自分を責めて、押さえて生きているなあという印象でした。本人も各種カウンセリングを受けながら悩みは深い様子です。無理もありません、こんなストレスは人生にそうは無いのですから。

□新しいビジネスモデルを模索する

起業への学び

独立に際して、前の会社の社員のケア、総務部門のコンサルティングを依頼されていました。奈美さんが長年社員の採用からキャリア育成までの総務業務、社員が働きやすくなるためのケアを行ってきたので、会社としても彼女に抜けられては困るのです。こうして独立に際して仕事を業務委託で依頼されることになりました。

さらに、自立のためには社員研修などのビジネスモデルをつくり、前の会社以外の新規顧客の獲得を早くして縁を切りたい、と焦っていました。そのためには自社の新しいビジネスモデルづくりが必要です。「自分がやりたいことは何だろう、自分ができることは何だろう」。これを模索することとなりました。

ビジネスモデル案

奈美さんが社員のケア以外に考えたビジネスモデルは、

・メンタルヘルスの社員研修。
・働く人のカウンセリング。
・友人が女性らしく生きるための美容講座をしているので、そのお手伝い。
・世の中は協会ビジネスが流行っているから、協会ビジネスを研究したい。
といろいろあり、誰を相手にどんなビジネスを展開するのか、ビジネスモデルがなかなか定まりませんでした。

「奈美ちゃん、子どもがまだ小さいよね。子どもの保育園の送り迎えがあって、法人相手に新しいビジネスをするとなると、『子どもが病気になったので仕事に行けません』では成り立たないの。子どもが小学校に上がるまでは、法人相手に積極的に仕事をするのではなく、今は子育てをじっくりとしたほうが良いわ。じっくりと時間をかけてビジネスモデルを組み立てていこう」と提案しました。

会社が組織になっていれば、会社としてフォローする体制があります。でも自分一人が営業、経営をしていくのですから今は無理して顧客獲得を広げるときではありません。

子育て中の奈美さんができることは、前の会社の社員サポートの仕事をしっかりとして、この分野を人に教えられるくらい専門性を身につけること、それを焦ってはいけないと何度も話しました。

起業

奈美さんはライオンの強いイメージがあるとして、会社名を「株式会社オフィスレオン」としました。資本金三〇〇万円の株式会社発足です。

どこかシェアオフィスを借りたいといってずいぶん見て回りましたが、私が「前の会社に週二、三回も行っているんだから、**所在地は自宅のマンション**でいいわよ。特別、郵便物やセールスの電話がくることもないから、登記のためにシェアオフィスを借りるのは無駄」と言って、本社所在地は自宅マンションとしました。事業内容は長年の経営サポートの経験のある組織コンサルティング、社員研修、キャリアカウンセリングなど、組織の総務人事請負業としました。

売上と給与

起業前の会社から業務委託を受けているので、その料金がオフィスレオンに支払われることになっていました。そのため、毎月、定額の売上があります。**役員報酬の決定**の件で相談がありました。

「自分の役員報酬（給与）の設定ですが、月々三〇万円を超えると子ども二人扶養していても、所得税が高いので三〇万円でいいでしょうか？」

「奈美ちゃん、三〇万円だとマンションのローンを払って、二人の子どもを食べさせていく金額になっていないでしょう。所得税は抑えられるかもしれないけれど、会社の利益が出るから法人税がかかる。法人税は地方税と併せると三一～三四パーセントかかるのよ。結局ダブルで税金を払うことになってしまうから、節税にはならないわよ」と、法人税を加味した役員報酬に設定しました。

さらに、「役員退職金をもらったから、マンションのローン残高繰り上げ返済したほうが良いでしょうか?」

「マンションのローンは利息が収入から控除されるの。その控除があるうちは繰り上げ返済しないほうが良いわ。奈美ちゃんに何かあったときには、団体保険に入っているからマンションのローン残は払わなくていいし……」とお金についてもアドバイスをしました。

融資金の申し込み

起業して半年が過ぎ、奈美さんの会社も少しずつ落ち着いてきたので先を見据えることにしました。

「これから法人相手のストレスチェックやメンタルケアの仕事を増やしていきたい。そのためにコンサルティングを客観的に助けてくれるツールが必要かも」と組織の活力診断とストレスチェックができるツールの購入を勧めました。

そのために日本政策金融公庫の融資を申し込む提案をしました。すぐに融資金が必要ではないのですが、日本政策金融公庫の創業支援は、創業したばかりの会社の特権でもあります。ここで融資金を借りて、返済すれば、その返済実績が金融機関に引き継がれていくことにもなります。

「日本政策金融公庫にこれからビジネスで役に立つであろう、組織診断ツールソフト二〇〇万円の融資申し込みをしよう」と提案。融資申し込みには決算書が必要となるのですが、開業して八ヵ月ほどの会社で決算書がありません。半年間の貸借対照表がわかる資料と、用意した見積書とパンフレットを揃え、渋谷の日本政策金融公庫へ融資申し込みに一緒に出掛けました。

日本政策金融公庫では、「審査には時間がかかりますから二ヵ月ほどお待ちください」と受付が受理され、無事にソフト購入代金二〇〇万円が利息一・四五パーセントで実行されました。三年間で返済する計画です。少しずつ会社の体裁が整ってきました。

退社はブラッシュアップの大切な転機

前の会社以外がお客様になる新たな事業を立ち上げたい。その気持ちを私に会うたびに伝え、明らかに焦っている前のめりの姿勢が伝わってきます。

そして、これはどうかなぁ、あれはどうかなぁと私に相談してくるのですが、「今までと同じ自分だと、前の会社の仕事の領域を出ない発想になる。会社を離れたことを転機として新たな自分を構築する学びが必要だと思う。興味のあるセミナーなどにどんどん出てバージョンアップする自分をつくりだしていくことが次の事業に繋がるよ」

これは転職する人にもよく言っているのですが、せっかくやめたのに、「すぐに次の仕事探さなきゃ家賃払えないし……なんて言っていたら、横にスライドするだけで今までの延長線上と同じ。せっかく時間がとれたのだから新たな学びでスキルアップを図るとか、行きたかったところ、やりたかったことをしないと同じバージョンの自分なの。変わらないの。せっかく時間があるのだから、人生の新たなインプットの時期なのよ。だからじっくりと構えよう」

キャリア創造・自分の才能に気づく

私は人材ビジネスを二〇年以上経営していたこともあり、キャリアコンサルタントでもあるので、人の才能から成功する仕事の方向性を教える「キャリア創造」というセミナーを主催しています。奈美さんの仕事は社員のキャリアとメンタルケアが中心なので、仕事内容と私のセミナーに共通点がありました。まずは自分の棚卸しから始めてみると新たなビジネスのヒントが見つかるかもと、セミナー受講を勧めました。

「このセミナーがあなたの役に立つと思う。ただ受講して自分の方向性を絞るだけではなく、これを教えられるようになるくらい勉強してほしい」

と参加を勧めたところ、都合三回、このセミナーを受講してくれたのです。

誰にでもある才能の掘り起こしのワークはこんな感じです。

●「自分の得意、他者と違う社会で役立つ優位性」を書き出してみてください。

このときに奈美さんは「四五歳で出産したこと」と書いたのです。

これには笑いました。「これって社会で何の役に立つ優位性？　四〇歳過ぎても妊活したい人の力になるってこと？」

「えーだって私は飛びぬけた資格もないし、キャリアもないから」

「奈美ちゃん、あなたの社会的にも誇れる優位性は、**夫とともに立ち上げた会社が黒字経営を続け、繁栄し、ビルを購入するような資産形成までできた**。組織をつくり社員を育成し、財務の面で大きく寄与したのは、経営のセンスと能力がある奈美ちゃん、あなたでしょ。そんなことできる会社は本当に数パーセントなのよ。それに会社が大きくなっていく段階で発生するさまざまな経営課題に対処する経験と能力を有している。それが優位性っていうの。その優位性をこれからどこに展開しようかって考えるからビジネスモデルができるの」

「あ、そうか、なんか普通に業務をやって、社員を育てて、マネジメントしているのは当たり前だと思っていたから、特別なことじゃないしって。長く携わっている仕事が自分のキャリアになるんだ」と納得していました。

客観的に自分を評価するというのは、広く社会を見ている他者からの指摘がないと、自分の優位性にはなかなか気づけないものなのですね。

自立できる人の特性

二回、三回とセミナー参加を重ねていく中で、「才能を掘り起こしてお金にするまでには経験、上位スキルが必要だとわかった。参加している人たちと交流すると、社会性がなくて主婦世界でふわふわ生きている人や、本気で起業を考えている人など、さまざまなステージにいることがわかった」と感想をくれました。

この二日間のセミナーは「自立」をテーマにしています。自立は精神的な自立と経済的な自立がありますが、私は、この二つが正比例すると考えています。好きなことをしていても、趣味どまりであれば、経済的な自立は果たせません。趣味を専門的なスキルに変えるには、さらに社会性を加えて専門性を追求していくことを何度もセミナー内で教えます。

奈美さんは最終的には「参加者が社会で活躍できるかどうか」までが判断できるようになったと言います。多分、奈美さんは長年の経験から、このセミナーで社会性のある人は伸びていくことがわかったのでしょう。

そしてこのセミナーを通じて、自分の能力の掘り下げ方がよくわかった、自分のこれからのビジネスモデルづくりに役に立ったと言ってくれました。独立してから八ヵ月、奈美さんは以前よりよく笑うようになり、セミナーのときなども核心をついた発言で参加者をリードする場面が多く、頼もしく成長してきました。

□ 他社からも売上が上がるまでに成長

経営者勉強会・ペル会

私は小規模の事業者の勉強会「ペル会」を毎月主催しています。毎月二時間ほど自分たちの事業課題、営業方法、税制、マーケティングなどについて、ときに専門家を交えて勉強を重ねています。奈美さんにもこの会に参加してもらうことにしました。

経営者は常に勉強が必要です。自分の知識はちっぽけで、新しい経済や業界の話から、毎年変わる税制まで常に勉強していかなければついて行けないのが経済の世界です。そして革新のアイデアは自分の外の世界にヒントがあります。

この会の特徴は現役のコンサルタントがときどき参加してアドバイスをしてくださること。中小企業の中で、製造、金融、小売りとさまざまな分野での仕事を手掛けているコンサルタントは、会議の進め方から、新製品開発まで多岐にわたる経験を参加メンバーに提供してくださって、経営力を上げてくれています。

アクセサリー製造販売、出版・編集、税理士、化粧品販売など、皆さん五年以上経営している業種が違う経営者です。奈美さんは、長年会社経営に携わっていたために決算書の読み方、会社規定などの勉強会でも容易について行くことができます。

この会では自社の経営課題について発表し、皆でアドバイスし合う時間があるのですが、奈美さんが一番長く熱心に自社の課題、ビジネスモデルの構築などを提起してきます。

オフィスレオンのビジネスモデルがなかなかまとまらないでいるときに、「楽しく会社で働く」を骨子として事業をまとめてみましょう、とメンバーで意見交換しました。

まずは誰を対象にしてビジネスをするか?

法人相手？　個人相手？　どちらをターゲットにする？

楽しく会社で働けないメンタル不調者のケアをＥＡＰで提供する場合に

①社員側、つまり個人をターゲットにする。

②会社側、つまり法人を顧客にする。

どちらを対象にメニュー展開をするか迷いました。

私と参加メンバーは、個人相手より法人の方が、売上が一〇倍大きい。個人は支払う能力に限りがある、法人をターゲットとすることを強く勧めました。

この結果、ＥＡＰを含む社員のケア、そしてこれから組織づくりをしていく上で経験が活かせます。これを他社へ営業して行けるようになると良い、となんとなく事業の形がまとまってきました。

この他に奈美さんは、自分の関心があったビジネス勉強会に積極的に参加していました。友人経営者から誘われて、「顧客の囲い込みと資格などの認定をする協会ビジネスが面白そう」と協会ビジネスの勉強会に参加していました。

協会ビジネス

協会ビジネスというのはあちこちに存在します。たとえばフラワーデザイナー協会、税理士協会、裏千家茶道協会など、どんな協会でも「任意」なので三人以上集えばできるというもので、この協会から資格取得試験を実施し、協会員を増やして講習費や年会費を徴収するというやり方です。昔からある家元制度で、もっともらしく「協会」と名がつくと公的なお墨付きをもらったような形になる囲い込みビジネスです。

　この協会ビジネスの勉強会は月一回開催されていて毎回足を運んでいました。このビジネスモデルの知識を増やしていった結果、ここで知り合った経営者の方から、新たな協会ビジネスの事務局をオフィスレオンにお願いできないかという話が来て運営事務局を請け負うことになりました。

　継続して勉強会に参加していたこと、そして奈美さんの「**他社と違う社会的な優位性**」が買われ、新規の継続した仕事を取ることができたのです。

　さらにこの事務局で知り合った方に対して「社員のメンタルケアを主に扱っています」とはっきりと言えるようになったことで、オフィスレオンの仕事先は、ＩＴ企業などからも引き合いが来ています。奈美さんはさらにメンタルケアビジネスで社員も組織も元気にするプログラムを作成して「**起業女子アワード**」へ応募するなど、より高いビジネスの領域を求めて社会参加するようになっていきました。

　最初に出会った二年前からは大きな変化です。小さい子どもを抱えながらの離婚、独立と辛い経験、長い混乱時期を乗り越えた奈美さんは、経営者として自立を果たせるようになったのです。自立のときには「新たな事業モデル、新たなお客さん探し」とずっと言っていたのですが、あのときの前のめりの姿勢からは解放されて客観的に仕事目線を保てるようになりました。

本来のパワーを取り戻すってこんなに素晴らしいことなんだと私も学ばせてもらった二年間でした。今、輝きを取り戻した奈美さんはプライベートが充実し、バーレスクダンスなどで妖艶な姿態を披露しては周囲を驚かせ、人を惹きつける魅力に溢れています。パワーと知性を兼ね備えている奈美さんが経営者としてこれから大きく羽ばたいていくでしょう。

□ オフィスレオン、自立の要因

ターゲティングをよく知っているから請負業ができる

本気起業している周囲の女性経営者は、法人相手のビジネスをしています。自分が働いていた、もしくは関わっていた会社、その延長線上の法人からの独立が大半です。奈美さんは自分が働いていた会社からの独立で、最初からお客様がいるのです。

「そんなの自立じゃない」と思うかもしれませんが、実は私の起業も同じでした。

私も派遣社員として勤務していた会社からの独立で、独立したときに最初から顧客がいて売上が初月から一〇〇万円以上ありました。

これは個人のパフォーマンスを評価されているから「あなたが独立しても、うちの会社の仕事やっていただきますね」と依頼を受けるのです。その会社になくてはならない存在になるパフォーマンスを長年重ねているのです。あなたがいなくなると困るわ、と言って独立を支援されるような働き方は顧客をつくりだすことができるのです。

経営センス

奈美さんは、二人で始めた会社で人を雇い、会社の総務経理という根幹の仕事をずっと経験してきています。経理、人事、総務、小さい会社は人がいないので何でもやらないといけない状況です。

会社は、放っておけば大きくなるというものではありません。社員六〇人の会社にまで成長させ、その成長のステージに応じた課題解決には、相当の苦労があったこと。社員のマネジメント、利益を上げる体制をつくっていく大変さがあったことは、想像に難くありません。私にも組織を構築していく過程での苦労が山のようにあり、二度と経験したくないとさえ思う苦悩の連続でした。さらに創業して資産形成までする会社というのは希少です。

経営にはセンスが必要です。そのセンスをつくっていくのは、実際に会社経営に携わった経験です。奈美さんはずっと組織にいたので、社会性が身についています。この社会性が欠如していると、「そのビジネス、どこでお金が落ちるの?」というふわふわした話ばかりを繰り返すことになります。しかし、彼女には社会性があるので、何がビジネスになりお金になるか、という本質がよくわかっています。

さらに彼女は、エグゼクティブサマリーを書き上げるほどビジネスをまとめ、プレゼンする力があり、これからの法人相手のビジネスが拡大できる力があります。

継続した学び

事務局の請負ができたのは、ずっと同じビジネス勉強会に継続して通っていたからです。ここで顔を合わせるメンバーとどのように協会ビジネスを立ち上げ運営していけばいいのかを考える、ビジネスの目的のある会に参加しているのです。

すると同じ目的を持った者同士、仕事をするようになります。私も異業種交流会の勉強会に参加していると、一年を経た頃からお仕事の依頼をいただくようになりました。二〇年を経た今でも経営者と楽しく仕事の情報交換をしています。

これは名刺を出して「このような仕事をしています」というような、一度だけで終わる関係ではないので、人間性や能力、会社の規模や得意・不得意が分かってきます。そうすると「この人にならうちの仕事を任せられる」と評価されるようになります。目的のある集まりに継続して出ていたことがビジネスに繋がりました。

第二章

成功する〈本気女子〉起業5つのSTEP

起業していくにはSTEPがあります。
一歩ずつ確認です。

STEP 1
自分の自立心、仕事の姿勢を確認する。
好きなことを得意なことにする。

STEP 2
自分の資産、キャリアを棚卸しし、
事業の方向性をつくる。

STEP 3
自分の資産から、事業軸をつくる。
事業シュミレーションをする。

STEP 4
戦略をつくる、マーケティングを学ぶ。

STEP 5
黒字で経営する知識を増やす。
事業拡大のための経営や経済を学ぶ。

STEP 1

起業を考える前に、まず、自分自身と向き合ってみる。

自分の自立心を確認する

社会で働くこと、活躍しようという自立心を確認してみてください。自立とは自分の力で生きることで、他人に依存しないということが大前提です。結婚していたとしても「精神的自立」、「経済的自立」は可能です。

「精神的自立」、「経済的自立」は正比例します。つまり、自分に経済力があれば、精神的にも自立した道を歩むことができるのです。

「経済力がある」ということは、自分の人生を自分で決められ、誰に依存することもなく自分の考え方、感じ方を主張し、誰とも対等な関係を築くことができます。

起業して自ら道を切り拓いた前出の彼女たちが、「楽しい」「幸せです」というのは自分の才能を生かして好きなことをし、経済的にも精神的にも自立しているからこそ出てくる言葉です。

私は、起業の相談に来る方に、「自分が自立したいと本気で思えば誰でも可能なことですよ」とアドバイスしています。人材ビジネス会社を経営していた頃から多くの女性を見てきましたが、自立できない人など一人もいませんでした。

「自立をしたい」と思ったら、まずは自分自身に、本当に経済的に自立しようと思っているかを問うてみることです。そして、どんな道があるのか社会を模索してみましょう。

親元に同居していては成功しない

ある女性社長が「親元にいて成功していく女性経営者はいない」と言っていました。自立心というものは、それだけ成功の結果を左右するのです。

起業して成功していく人の共通項は、「自立が好き」ということ。これは一人で生きることを指すのではなく、家族とも周囲とも調和をし、社会の一員として自立していることです。

私は自立が好きなので、依存知らずの人生を送っています。親元を離れ、東京に出てきたときにも、自分が家賃を払える範囲内の三万円のアパートを探して住んでいました。風呂も、テレビも、電話もない質素な部屋でしたが、それでも一人暮らしを始めたことが楽しくて、都会暮らしにワクワクしたものです。根っからの自立好きです。都会は家賃が高いなあと、悩みながらも社会人は自活するのが当たり前だと思って生きてきました。

一人で東京へ出てきて一二年経過した頃には自分だけの収入で家を買い、ゴルフ会員権も買い、海外旅行に行ける人生になりました。私は自分の人生を愛しています。親など人の収入を頼りにして、誰かに依存するような生き方は居心地が悪いのです。親に毎年新年にお年玉や旅行をプレゼントする、それが私にとっては喜びです。自分で納得いくように生きる人生は自分の性格そのもの。だから私にとっての**自立は「普通」のこと**であり特別なことではありません。

違う世界へ行く覚悟と喜び

起業とは、今までのサラリーマン生活を捨てることです。つまり、「毎月二五日にお給料が三〇万円振り込まれますよ」という安定人生を捨てることです。そこまでしてやりたいことがあるのが独立であり起業です。「知らない世界がワクワクする」、「不安だけれどもやってみたい」と思う気持ち、前出の福ちゃんのように「借金してまでやりたい」と意気込める情熱が独立の起爆剤になります。

サッカー中田選手の覚悟

二〇一七年夏、テレビで、ピースの又吉直樹さんがサッカーの元日本代表中田英寿さんにインタビューするプログラムを見て、その答えに納得しました。中田さんは二〇〇六年、日本のワールドカップ出場をかけた試合に敗れ、突然引退を発表。それまでサッカー漬けで天才と呼ばれ、将来を嘱望されていたにもかかわらず、若くしてサッカー選手であることを捨てる。プロというのは小さい頃から英才教育を受け、他の世界を知らない方が多く、慣れ親しんだ環境を捨てるというのは勇気がいることです。会社を辞めて違う世界へ転身するようなものです。人はいつも同じことをしていると安心感があり、慣れてうまくできるようになる生物です。そこに安定が存在します。

中田さんはその後、ビジネスや日本文化の発信、子どもたちとのサッカー交流で世界一〇〇ヵ国を周るという道を選択しました。自分が経験したことのない未知の世界へ足を踏み入れる。クラブチームに所属して、多くのファンを魅了し、プロとしての収入が約束される生活を捨てて、一人で生きていく道を選んだのです。その中で印象的だった言葉は、「**違う世界へ行くというのは勇気ではなく覚悟でしょ**」。なるほどなあ、と思いました。転職する、独立する、いずれにしても新たな世界へ身を投じるのは「覚悟」がいります。

サラリーマンは多少体調不良でも会社へ出社さえすれば二五日に給料が振り込まれます。インフルエンザになったといっても有給休暇がもらえます。会社とは有り難いものです。

それに対して、病気になっても何の保証もない、いつお金が振り込まれるのかもわからない、給料も安定していない。安定や安全な道を外れても自分のやりたい世界に身を投じる。自分の力だけを信じる起業はまったく次元の違う世界に行くようなもの。それは、勇気なんてものではなく「覚悟」なのですね。起業する覚悟、私はそこまで考えが及んではいませんでした。

好きな仕事を見つけるか、好きになるまで仕事をするか

起業は、「働く」が基本です。働くことが好きでなければいけません。ではここで、自分と仕事との関係を少し丁寧に見直してみましょう。

「今の仕事はつまらないから転職したい」という相談がよくあります。仕事がつまらない？それは大変です。「自分のやりたいことではない」と言ってすぐに会社をやめてしまう人がいます。残念なことに、職歴の多い方は能力があっても忍耐力がないことが多いのです。どんな仕事も「石の上にも三年」と言いますが、これは、どんな仕事もやってみて三年は経たないと仕事の本質も面白さも習得できないよ、ということを教えている格言です。

私が大学を出て、最初に就職したのがパンメーカーでした。就職して最初の一年は、デパートの直営店などでパンの販売員をしていました。営業企画で入社したのにスーパーの店員か……とテンションは落ち、高学歴の親戚からは「大学出てまでパンの販売をしているのか」と

言われて、辛くてやめたくて涙が出ました。実際、同期の女子は一年で二人辞めていきました。

ところが、私はその後、この販売員の経験から多くを学ぶことになります。上司に言われたことですが、一年間現場で働けば、どのような客層に何が売れるのか、季節によっての売れ方の違い、直営店ごとの客層の違いや単価の違いなどをつかむことができます。それができなければ、その会社の上層部の仕事などできるはずがないのです。

学校を出てすぐに責任ある仕事を任されるわけはなく、最初は誰でも下積みからスタートします。その仕事を経て部下を持ち、指導できるようになり、企画ができ、予算を組めるようになるから仕事が楽しくなるのです。

仕事は好きな仕事を見つけるか、好きになるまでとことんやってみるかです。「～さんこの仕事お願いね」と任されるようになるまで、プロジェクトリーダーになるまで、仕事に「付き合い」、好きになることです。積極的に仕事に取り組んでいくと、いつかは「これで独立できるわ」と思える地点にたどり着きます。

会社員をしながら好きなことでの独立を模索する

最初は副業から始めて、手ごたえがあったら個人事業主に。そこで売上が大きくなってきたら起業という順序は、堅実な女子には合っているコースです。今もしあなたが会社員なら副業を本気で取り組んでみてもいいと思います。**政府は今、「副業推奨」**をしています。人生一〇〇歳時代がやってきている今、会社を六五歳で退職したとしても、まだ三〇年、四〇年と人生があるのです。それは会社に勤務していたのと同じくらいの途方もない長さです。そのとき、自分に少しでも収入があったら、人生のクオリティが変わってきます。

お金の面だけなく、退職後も仕事があるのはありがたいことです。どんな形でも社会に接していると、健康も外見も若々しく保つことができます。そのためには四〇歳代後半から準備をしていくことをお薦めします。なぜかというと会社をつくるにはエネルギーが必要だからです。

会社員から副業を考える

いきなり起業といっても誰でも難しく感じるものですが、準備を念入りにして、副業→個人事業→起業というラインはそうハードルが高くありません。

Sさんは、証券会社に勤務しており、広報を担当していました。会社員をしながら好きなイラストを描いており、雑誌のコラムにイラストが使われたりしていました。次第にイラストが評判となり、「名刺に取り入れたい」、「金融をわかりやすくイラストで伝えたい」などとオファーが来るようになり、副業として収入を得るようになりました。

Sさんは証券会社を辞めて、ライター養成の学校へ通います。趣味のイラストだけでは生業は立てられないと考え、自分のスキルアップを図ったのです。

彼女はもともと広報の仕事をしていたので、文章を書くのは得意です。金融の知識があることをベースに、「イラスト＋ライティング」でプロになる道筋を選択しました。

金融の知識があり、さらに文章をまとめる力があるということで、ホームページのコピーライティング、証券取引所などのコンテンツ制作に携わったりして、ライターとしても独り立ちします。金融の知識があるライターとして、『日経マネー』などの月刊誌の仕事が次第にくるようになりました。この仕事がコンスタントに入るようになり、毎月定期的に収入が入ることで個人事業主から株式会社としました。

さらにSさんがすごいのは、お金持ちの方たちの儲け方の取材をしているうちに、金融資産をどのようにつくったかという知識が自身に蓄積されていったことです。資産を増やす知識、個別銘柄の売買などの知識がつき、どの銘柄やファンドを購入するとよいのかという目が養われたのです。結果、株式を五〇銘柄以上も保有しているとお聞きしました。得意分野が金融というのは心強いですね。

最初は自分の好きなイラストを副業とし、それにプラスしてライティングを専門学校で学んで個人事業主になり、仕事が増えていった結果、株式会社を興しました。いきなり起業したのではなく、副業から自分のスキルをプラスし、社会にニーズを見出して無理なく自立起業していけるモデルです。

好きなことを見つけたら正しい道で経験する

起業は趣味とは違うので、より専門的な知識や経験を必要とします。あなたがケーキづくりが好きで、好きが高じてケーキ屋さんを開業したい、と考えたとします。その場合の道筋は前出の「福ちゃん」の例でも書きました。

まずは好きな事を見つけて、「正しい努力」を経て独立というストーリーです。

①評判のあるお菓子づくりの専門学校へ通う。
②ケーキ屋さんで修業する。
③ビジネスを学ぶ。
④独立起業する。

起業には、このようなステップがあります。下積みや経験があって初めてプロへの道が拓けます。

お菓子づくりが好きで、好きでたまらない、だからプロになりたい、そのために製菓の専門学校を出てパティシエになろう、と計画します。専門学校を出てからもフランスのレストランで働く、修業に行く。日本でも有名シェフのお店で働く、このような経歴がお菓子屋さん開業に近い道筋です。

お菓子づくりが好きで、近所のお菓子教室に通う方は「家族のために美味しいケーキをつくりたい」という方です。プロになろうと修業しているわけではないのです。これがビジネスと趣味の違いです。ビジネスと趣味はバージョンの違う世界ですから、ケーキ屋さんを経営して自分が収入を得る、を選択しなければいけません。

正しい努力の例を挙げると、東大に入ろうと思ったら、東大出身の塾の先生や家庭教師の個別指導を受ける、と考えるのが普通です。東大出身の先生は個別にお願いすると指導料が高くなるので、違う大学出身の先生につく――それでは、目的を果たすのに遠回りになってしまいます。

STEP 2

自分の資産を棚卸ししてみる。

自分の資産って何？

今ある自分の資産を考えてみましょう。プロになるためには、自分には何が必要か、何が欠けているかを考えることから始めます。

資産というとお金だと思いがちですが、実はお金よりも経験、資格、スキル、人脈すべてが自分のキャリア資産となります。高度な専門的スキルや長年の社会経験は、積極的に仕事をしていれば誰でも持てるノウハウです。

「お金はわずかしかありません」という方でも、今は、株式会社は少額資本金でつくれますし、意義ある社会活動にはクラウドファンディングなどで夢を叶える方法もあります。

では、あなたの持っている資産を書きだしてみましょう。

■資産の棚卸し

【資格】	国家資格、専門的な資格	医師、看護師、弁護士、税理士、司法書士、簿記、鍼灸マッサージ師、美容師など
【経験】	仕事のキャリア、良く知っている業界	3年以上の仕事ノウハウ、特殊スキル、業界のしくみ
【環境】	育った環境、同級生や実家回り、使える場所	海外生活経験、母子家庭育ち、実家の商売、親の職業、出身地、卒業校
【お金】	資本金、融資金	自己資金、家族や友人からの出資や借入
【人脈】	顧客となりうる人脈、仕事を手伝ってくれる人、助言してくれる人	プロの有識者、異業種交流会、マンションの自治会、ママ友、仕事関係者、属している団体、仕事の人脈
【資質】	自分の性格や趣向、生活スタイル	社交性、芸術性、内向的、責任感が強い、数字に強い、好奇心旺盛、忍耐強いなど

資格と経験

もし自分がやりたいことがあるならば、事業になるような信頼に足る、どのような資格や経歴が必要なのかを考えることから始めましょう。

あなたがセラピストとして人の身体を治す仕事をしたいと考えます。そのときにあなたはどのような資格、経験があればセラピストとしての事業が成り立つと思いますか？

逆に考えます。自分が不調のときや慢性的な頭痛がするとき、疲労感があるときにどこへ行きますか？　病院へ行きますよね。体の不調は医師が直してくれることを知っているのです。そして医師を信頼しているからです。時間がなければ薬局で薬剤師に相談して薬を買うかもしれません。**国家資格**である薬剤師が信頼できるからです。

それに対して、「私はセラピストです。半年間ハーブ療法を習いました。これは体の不調の改善に役に立つから、あなたの慢性頭痛や疲労を治せますよ」といわれても、何の資格もない人に自分の体の不調の改善を任せるでしょうか？

民間資格や知らないような療法を見ず知らずの人から信頼されるのはとても難しいことです。資格は信頼に繋がります。

医療に関係する行為をしたい、心理学であなたの問題が解決できる、などの事業で独立を希望する人がいますが、それは国家資格や大学で専門的に技術習得した方でないと他人からの信頼を得るのに時間がかかります。

マッサージは鍼灸マッサージ師の国家資格がありますが、「整体は六ヵ月間、毎週末に学びました」程度でも個人事業をしている方もいらっしゃいます。すると病名や薬剤名を言ってもほとんどわからないくらい専門性と経験に差があるのは歴然です。**信頼に足る資格、そして経験、これが地に足が着いたビジネスをつくりだす資産のベース**になります。

どの方向性になればお金になる？

資産を書き出したら、次は、今の知識に何をプラスすればどのようなビジネスモデルになるのかを考えていきましょう。それはお金を生み出すものなのか、どのようなビジネスができそうなのかを探っていきます。

この知識の補充はプロに相談するのが圧倒的に近道です。コンサルタントは、多くの事業を見て、関わった経験で、方向性や人との結びつきで事業にできる提案をしてくれるでしょう。**プロはどこがお金になるかという考え方に敏感です。**せっかくの自分の資産を眠らさないで活かしましょう。

自分の今持っている資産だけでは不十分だと思ったら資格を取る、経験を積むなど、キャリアを十分に重ねると自立や起業への道ができます。**経験のない分野でビジネスをつくろうとしても、赤字になる率が圧倒的に高いのでこれだけは避けることです。**

資産を総動員、キャリアアップで年収倍増

これから紹介するのは起業ではありませんが、最初の資産「簿記三級＋会計事務所勤務」から経験を重ねて自立し、年収をアップさせた例です。

母子家庭で育ち、「手に職を」と思って商業高校に進学した栄子さん。簿記三級を取得し、卒業後、税理士事務所に勤務しました。税理士の先生の補助の仕事を一〇年ほどし、その間、簿記二級も取得しました。

同僚は税理士資格取得を目指し、税理士の資格を取って独立していく方もいます。「自分には税理士になっても営業ができないからこの道は難しいと思う。でももう少し、キャリアアップと収入アップを目指したい」と相談に来てくださいました。

そのときに、「栄子さんは簿記を持っているから数字に強い。ファイナンシャルプランナー

を取ると良い」とアドバイスしたのです。

なぜこうアドバイスしたかというと、私のクライアントに保険代理店の社長がいて、「うちの社員にファイナンシャルプランナーを取らせてみたら、人生設計の話から保険の話に耳を傾ける人が多くなって売上が増えた」という話をしていたからです。


【キャリアアップに有効な資格取得】


ファイナンシャルプランナーはまだ取得している人が少なく、相続や不動産などのアドバイスもできるので、今の税理士事務所勤務でも役に立つかもしれないと思い、アドバイスしたのですが、実は私はその先も見据えていました。

ファイナンシャルプランナーにも級がありますが、彼女は二級を取得。このまま会計事務所にいては年収アップは望めません。このタイミングで知り合いの保険会社の仕事を紹介してみました。税理士事務所勤務でも保険の世界を知っていた栄子さんは、ちょっと尻込み。


「栄子さん、あなたが取得した資格は一生もの。保険の営業に使える資格よ。保険は歩合だから、今よりお給料はずっとよくなるはずよ」

「えー、大和さん。でも私、営業なんてできません、ましてや保険の営業なんて……」

「栄子さん、母子寮で育ったたって言っていたよね？　母子寮にお金の話や、子どもの学費の話をするために行ってみたら？　保険の話はしなくてもいいの。あなたが育った頃の方だってまだいらっしゃるでしょ？　人脈があるでしょう？」

「もうみんな成長したから……。でも私の知り合いがまだいるかも。話だけしに行けばいいんですよねえ。うまくできるかなあ？」

「せっかく勉強してとった資格だから、自信もって子どもの学費はこれだけかかるという話だけしてみてね」

自分の古巣である母子寮を訪ねて子どもの保険の話をしてみたところ、母子寮育ちの栄子さんに、皆さんが熱心に話を聞いてくださるようになりました。この時点で、「生命保険でもやっていけるかも」と転職を決意しました。

その後、母子寮で子どもの学資保険の話をした一人の女性が契約してくれたのです。すると、私も、と次々に栄子さんに保険の相談をするようになったのです。

栄子さんのように社交的でなくても、自分の育った環境へ足繁く通い、お金の話をしているだけで保険の契約がとれるようになっていきました。営業トークがうまくできなくても、自分の環境を生かした人脈での仕事がどんどん広がり、一時は外資の保険まで販売するようになり、税理士事務所にいた頃には思ってもいなかった八〇〇万円の年収となりました。

栄子さんは、「私には簿記以外何もできないと思っていたのに、広い世界があるんですね」と喜んでいました。

自分の性格が営業に向かなくても、資産のひとつである「母子家庭」という環境を活用して、営業していくことはできます。栄子さんの育った環境を、最初は嫌だったと言っていましたが、仕事で通ううちに、母子家庭をもっと応援したいと思うように変わっていったと言います。

栄子さんの中にもっと力になりたいと思う気持ちが大きくなり、仕事に誇りが持てるようになって年収が大きくなっていきました。

自分のスキルが資産であった栄子さんは簿記三級から二級へ。さらにファイナンシャルプランナー二級の資格取得へとスキルアップ。そして環境を生かして生保への転職と、お金になる方向へキャリアアップしていった例です。

このように、自分の持っている資産、自分の資格、経験、人脈、環境を総動員です。これを組み合わせられる視点のあるアドバイスをしてくれるプロは、あなたの人生の転機でお役に立ちます。

STEP 3

資産から具体的にビジネスへと組み立てていったコンサル事例をご紹介。

経験を重ね、資格取得をプラスしたりして起業へ結び付けた女性たちをご紹介します。

「お茶の先生」はビジネスになるのでしょうか？

平日は法人相手の経理事務の仕事を請け負う会社を経営し、土・日は長年裏千家のお茶の先生をしているかおりさん。これからの何を主軸に事業をしようかと、相談してくださいました。女手一つで育てた子どもが大学へ入り、ほっと肩をなでおろし、ようやく自分の今後の人生のあり方を考えられるようになったのです。

資産は長年経験してきたお茶

かおりさんが得意で、人に教えられるのは「裏千家茶道」。子どもの頃からお母様が茶道を教えていた環境で育ち、本人も四〇年近く教えていて、お弟子さんは二〇人以上。さらに近所の幼稚園でもお茶を教えています。

「今の若い方で茶道を長く続ける人は少なくて、これって事業になるのでしょうか？　私が一番長くやってきて人よりできることってこれくらいなんですけれども……」

資産の棚卸し

- ＪＲ駅近くに庭付きのお茶室所有。
- 裏千家のインストラクターの資格を有し、四〇年以上茶道に携わっている。
- 着物を八〇枚ほど所有している。
- 着付けや和服に関する知識を教えることができる。
- 茶懐石の作法について教えることができる。
- お茶の文化や茶器などについて解説ができる。
- 外国人のお弟子さんがいる。
- 経理事務業務の請負で法人と取引がある。
- ファイナンシャルプランナー二級の資格を有している。
- ロータリークラブに所属している。

趣味のお茶をお金にするというより、かおりさんの場合は本物志向のスキルと卓越した経験があります。本人が一番自信のあること、そしてお茶が好きで続けたい意向があれば、立派な事業になります。そして何より明るくて社交的な性格は、人を魅了する大きな財産です。会話が弾まない人は社交的なビジネスはできません。この資産を組み合わせていくと、いろいろなビジネスが考え付きます。

お茶関連事業を考える

月謝制でお茶を教えるとともに、
・茶事（茶道と懐石料理）。
・茶道に日本文化体験、外国人、着物、着物着付け、マナー講座、懐石、交流会。
さまざまなキーワードが出てきて組み合わせも可能です。
旧来の月謝制で通う敷居の高いお茶の世界だけでなく、現代風にアレンジしてお茶の世界を楽しんでいただく。そのためには別業種の方ともコラボしていくなどアイデアを出してみるところからです。

【茶道はリピータービジネス】

茶道は少額でも毎月お弟子さんからの謝礼が現金で発生するリピータービジネスです。かおりさんにはすでにお弟子さんが二五人ほどついていて、毎月一、二回通ってきていて月一六万円ほどの売上があります。

事業をつくるコンサルティング

ここからさらなる売上を上げていくことを目指し、コンサルを開始。予約を個別のＬＩＮＥからウエブに切り替え、教室に名前を付け、ロゴを考え、看板をつくるなど、少しずつ体制を整えていきます。

教室の名前は「お茶目倶楽部」。蒲田駅近くで便利なロケーションです。ターゲットを四〇歳以上の男女として、「日本文化とお茶の心を伝えていきたい」。キャッチフレーズは「心に一服の清涼感」などと決めていきました。

イベントで売上倍増

土日は今のお弟子さんの茶道のお稽古予約でほぼ満席です。そこで平日のイベントを考えました。平日動けるのはシニアと経営者です。

かおりさんは「お茶事」をしたいと思っていました。これは茶道を通じて、日本文化の茶道だけでなく、お花、飾り物の解説。食事のマナーをきちんと伝えていく四時間程度のイベントです。四季折々開催ができます。

お茶事は、参加しているロータリーの経営者などを中心に、新規のお客様にお茶の世界を楽しんでいただく目的で開催したいと考えました。こちらは食事付一回一万円で開催。せっかくロータリーの経営者人脈があるのですから、これを活用します。

すべて一人で行っている活動なのでイベントの準備に時間がかかり、そう多くは開催できませんが、一月の初釜を皮切りに申し込みは満席となっています。これならば徐々に軌道に乗っていくでしょう。

長期間のただ働きの経験を活かして起業

ビルメンテナンス会社

自分の資産の中で起業に結びつくもの、それは長い時間をかけて社会で経験し、身に付けたことです。

私の同級生の加藤さんは、恋愛結婚で不動産オーナーの家に嫁ぎました。ビルを数棟持っている会社でお金には不自由しません。さぞ優雅な暮らしだろうと思ったら、「何言ってるのよ、千由紀ちゃん。周囲は親族だらけ、私は嫁だから従業員として朝からただ働きの毎日よ」

嫁は安価な労働力と決めつけられて、入居者の入れ替わりの際の清掃、ビルのトイレ掃除からゴミ出しまでを担当し、夜はクレームで呼びつけられ、家賃を払ってくれない入居者の元へ行っては集金をする、の日々だったと言います。

古参の従業員はすべて親族。彼女は嫁なので「ここの修繕お願いします」と指示を出すものの、嫁から言われる筋合いはない、と無視されて誰も働いてくれない。

お給料はもらえず、ご主人はというと、経理を担当しているのですが親に頭が上がらず、ストレスから逃げるように朝まで遊びまわる日々。お金を握っているのはご主人ですが、外部への営業や現場へ出ることはまったくなく、必要なときには夫に頭を下げてお金をもらう生活でした。

彼女は入居者が退去したあとの部屋の掃除からクロスの張り替え、リフォームの打ち合わせ、修繕などを業者と交渉し、その後の入居者募集を不動産屋に手配し、実績を上げるのが自分の存在を認めてもらうことと考え、必死で部屋の満室を目指して営業活動に奔走しました。

身についた不動産知識で独立

会社はビルを所有しているので、それを担保にまた新しいビルを購入します。彼女は長年ビルのメンテナンスに携わったことで修繕、清掃、リフォームから部屋を満室にするノウハウまで身についたのです。彼女の的確な指示で業者の方も動き、応援すらしてくれるようになったと言います。

さらに、オフィスビルや飲食ビルなどさまざまなビルメンテナンスを経験したことで、ビルの価値を決めるのはどのような店舗を誘致すればいいのかということまでわかるようになりました。

たとえば、テナントにチェーン店ばかりが入ると特徴のない飲食店ビルになり、地元の人に愛されないで撤退が早くなってしまいます。ビルの価値を高めていくためにはやる気のある地元の経営者に入ってほしい。できればチェーン店舗ではなく、地場の若者にチャンスを与えて飲食店として入居してほしい。そのためには誘致した会社の担当者とともに金融機関にまで同行する、そんな仕事を通じての信頼と経営ノウハウができました。

さらに彼女がすごいのはこの厳しい環境を「私もこういった環境で働かせてもらったから社会の仕組みがわかって仕事上の人間関係ができたのよ。ふわふわ遊んでいる主婦だったら何も社会性なんて身につかなかったもの」と過酷な環境を常にポジティブに考えて感謝している点です。

ほとんど給料も出ない中で必死に家業に尽くしてきた結果、細々と貯めたお金を資金にしてついに自分の会社を立ち上げました。二〇年間に渡り、下積みを重ねた彼女は今までの経験を生かしてビルメンテナンスをビジネスの主軸としています。地元のロータリークラブに加入し、人脈と仕事を広げ、自立の道を踏み出しました。

自分が長年掃除をして貯めてきたノウハウ、最初は掃除ばかりで実家に帰りたいと泣きつい た日々だったと言いますが、耐えに耐えて、起業のノウハウと人脈という財産をつくった加藤さんを私は尊敬しています。

辛い経験を転機に医療を勉強しにフランス留学

アロマを本場フランスで学んで起業

サンルイインターナショナル株式会社の森田敦子さんは、アロマテラピーを本格的に学び、事業に取り入れました。

彼女は大学時代に中国に留学した経験があり、中国語が話せたこともあって、航空会社のビジネスクラス、中国路線の客室乗務員の仕事に就いていました。そのとき、彼女はダストアレルギー性気管支喘息を発症し、機内で倒れ、病院の集中治療室に運ばれます。生死の境をさまよって退院したのですが、社会復帰がなかなかできませんでした。その後アトピーを発症して、皮膚はぶくぶくに腫れ上がり、外出もできないくらいひどい症状だったと聞いています。

その中で、森田さんは治療としての植物療法に出会い、驚くほどの効果を実感しました。これを本場のフランスで学びたいと客室乗務員に復帰後、社内のフランス語講座で猛勉強。その後航空会社を退職して渡仏します。

フランス国立パリ13大学で植物薬理学を本格的に学び、帰国。植物療法に基づいた商品とサービスを社会に提供するため、一九九八年一月、会社を設立しました。

その後、漢方薬局とコラボした化粧品開発やスクール（ルボア フィトテラピースクール）事業を展開して、世の中にフィトテラピー、植物療法という新しい分野を切り拓きました。

彼女は化粧品の成分にも詳しく、本まで出版しています。本場フランスで二年間学んだその専門的知識でコスメキッチン（オーガニック化粧品販売会社）のアドバイザーなども務めています。さらに漢方薬の会社とのコラボで数々の商品開発、販売をしています。

こう言っては失礼ですが、バブル期に客室乗務員がみんな享楽的に遊んでいた時代に大変な努力をしている女性がいるものだと、お会いして体験談を聞いたときに私は大変驚きました。

アロマテラピーと一口に言っても、専門的に提供できる知識があれば会社とのコラボで商品開発やセミナー、学校経営とできることも増えていきます。

また、彼女の真摯に仕事に取り組む姿勢が共感を呼び、多くの方が協賛してくださっています。フィトセラピー療法のスクールも支援の方が場所を提供してくださったりしています。

さらに表参道ヒルズが開業した際には、お声がかかって出店。本格的なアロマオイルエステが表参道ヒルズで受けられると評判になったものです。

確かな知識、経験は、多くの方を巻き込んでムーブメントが起きていきます。彼女の元で学び巣立っていった生徒が、介護や医療の分野でこの療法を応用して活用していると聞きます。

専門学校に通うと思って、**二年間本格的に自己投資する**。それはバージョンの違う仕事に結びつきます。

七年かけて国家資格取得

ダンサーから転身し、税理士事務所経営

学校へ二年以上通って取得する国家資格は自立への道が早いのです。税理士、司法書士、行政書士、弁護士などいわゆる士業と言われる職業の方たちや医師、看護師、美容師、鍼灸マッサージ師……等々。民間資格に比べるとその専門性は評価が高く、独立しても食べていける資

格です。

ダンサーから税理士へ

ＪＣ（青年会議所）同期の島田さゆりさんはダンサーを夢見て若いときから芸能界で踊っていました。毎日が楽しくて、歌って踊れるってなんて楽しいのだろう、とずっとそう思って二〇代のときに仕事をしていたと言います。しかし、「この仕事は、若いうちならともかくいつまでもできるものじゃない」と、セカンドキャリアを考えるようになっていきました。

悩んだ末に、お父様が税理士をしていることもあって、税理士を目指し、七年かけて税理士資格を取得。その直後にお父様が亡くなり、自身が後を引き継ぐことになりました。お父様の時代の基盤があったとはいえ、自分の代になってからは職員も一新。大田区という土地柄、お客様は製造業が多いのですが、これからはＩＴの時代と先を読み、地元から離れて積極的に広尾ロータリーなどに所属し、顧客を開拓していきました。古い顧客を整理し、職員も新規採用、女性の職員ばかりで新生税理士事務所を開始したのです。

ハートフルな経営が優位性

自身の育児や子育ての経験から、「子どもが熱を出しました」、「学校の行事があります」と言って会社を休むことを普通は快く思われません。女性に働いてもらうためにはそこを遠慮なく休めるように、社員のバックアップ体制を整えた組織をつくりました。

シングルマザーなど、事務仕事が未経験の女性も雇い、育成し、今までは非正規社員として働いていたためにローンも組めなかったのが、こちらで正社員となって住宅まで購入した女性もいます。

今や当たり前のように叫ばれている「ワークライフバランス」ですが、会社を大きくするだけでなく広く社会に貢献しているのです。

島田さんのこのハートフルな理念で顧客企業も長いお付き合いが続いています。途中から自分のキャリア転身を図り、税理士の資格取得まで七年もかけましたが、長い年月目標を見失わずに国家資格取得を目指した結果が税理士事務所経営に繋がりました。聞いたことのない民間資格を取得するよりも、国家資格は自立、起業への近道となります。

STEP 4

事業内容が決まった後の準備と戦略の立案。

どの山に登りたいのか決めて準備する

ビジネスは登山に似ています。最初はハイキング程度の山から、次に経験者についてグループでもう少し難しい山にチャレンジします。そして、やがて高い山への登頂が叶います。

本格的な登山となれば、一年くらい前から体力を養っておかなければなりません。登山靴を揃え、ストックを買い、と装備も時間も必要になってきます。経験者について登ることで、道に迷うことも、天候の急変に対処しなければいけないことも、悪天候の中、このまま登るのか、戻るのか判断ができるようになってきます。初心者では想定できる範囲が限られて、危険なリスクを回避する経験が不十分ですよね。ビジネスもまったく同じです。それなりの収入や売上を期待するなら、高い山に登る装備、準備が必要になります。

準備その一　ワードとエクセルが使えるようにする

パソコンとプリンターを購入し、ワードとエクセルが使えるようにしましょう。起業するには、最初にビジネスモデルを考えて、販売メニューを決めていきます。ビジネスモデルがざっと決まったら提供できるメニューに単価を掛けて、売上シミュレーションをします。これはエクセルで作成します。ビジネスはスマホだけではできません。契約書などのやり取りは、LINEなどでするものではないのです。ワードでビジネス文書を作成できるようにします。そして事業概要を口で説明するのではなく、A4一枚にまとめてみましょう。起業の際の借り入れや補助金申請の場面でも、ワードとエクセルは不可欠です。

準備その二　数字を把握する

「ビジネスの始め方」のようなワークをすると、皆さん起業したい、ビジネスに参戦したいと言いながら、「今のお仕事でどれくらいの売上ですか?」と聞いても明確に答えられる人がいません。「だいたい三〇人くらい集客があって……」というような、数字が出てこない曖昧な答です。

「自分がほしい年収は?」と聞くと、「一〇〇〇万円」とそこまではははっきり言います。では月々の給与はいくらになりますか？

「・・・・？」

それではマッサージの事業を開始して、年収一〇〇〇万円になるためには売上はいくら必要ですか？

「・・・・？」

途端にトーンが落ちます。

実際に考えてみましょう。ざっと、シミュレーションしてみることからです。

下記表の計算でいくと、月に六〇人のマッサージの客が来店して三九万円の収入。経費の支出が二九万円、自分の給与は残り分で一〇万円です。自分の収入は一〇万円×一二ヵ月＝一二〇万円。

実際に六〇人の来店客があるかどうかは未定ですが、場所を借りてしまうと固

■収入　　（円）

メニュー	単価	客数	売上合計
マッサージ60分	5,000	30人	150,000
マッサージ90分	8,000	30人	240,000
	合計	60人	390,000

■支出　　（円）

家賃	150,000
光熱費	30,000
電話設備	20,000
交通費	10,000
備品	10,000
広告費	70,000
合計	290,000

定費は変わりません。エクセルで売上のシミュレーションをし、客数や単価を見直して数字をチェックすると、趣味の世界からビジネスへ移行できるようになっていきます。趣味の世界は「人が来てくれてうれしい」の感覚で良かったかもしれませんが、売上目標、損益分岐点など経営に必要な事項は一応学んでおきましょう。数字がどんぶりだと長く繁栄する会社づくりはできません。

準備その三　経営者と交流する

前章で書いたように、プロにつくと高い山にも登れるようになります。プロというのは、コンサルタントに限りません。先輩経営者の方は、起業して組織が大きくなっていったその貴重な経験を有しています。

まったく経営を知らない私は、経営者の方から経営とは何かを学ばなくてはと銀行の**異業種交流会に参加**しました。皆さん、そうそうたる経験をお持ちの方たちばかりで、経営に関する知識はもちろん、お金や知らない業界、失敗した経験など情報の宝庫です。「そうか、会社というのは経営者に知識と資産があれば、いろいろな事業に拡大させていくことができるのだなあ」と、その錬金術を教えていただいたのもこの交流会でした。嘴の黄色い私は、ゴルフのお誘いがかかると積極的に参加していました。これが後でものすごく幸運なことになるのです。

銀行の経営者コンペでは、ご一緒させていただいた病院経営者の医師からお仕事をいただくようになりました。さらに出資までしていただいて恵比寿の岩盤浴サロンができたのです。

経営者との交流はまさに「鯛戦略」。自分とはバージョンの違う世界で、自分の知識には限りがあり、もっと知識を増やさないといけないと改めて感じた貴重な交流でした。

それなりの経験者の仲間になれば、もっと高い山に登れるということをこの会で学んだのです。高い山に安全な山などありません。自力で何とかする、と考えていたら途中で転げ落ちてしまうかもしれません。

戦略がないと仕事を待つようになる

Sさんは三人で小さな編集会社を経営しています。Sさんの会社の仕事は本の編集、パンフレット作成、刊行物発行と、紙物の仕事を主体にしています。紙物の仕事は減り、選ぶことができなくなってきました。Sさんの会社はどのようにして仕事を取ってきているの？　とお聞きすると、営業を直接する仕事より下請け、孫請けの仕事で、金額も納期も決められたパンフレットや出版物の仕事が八〇パーセントということです。

利益の出る大きい仕事は営業をしている会社が持っていき、その中の紙物の手のかかる仕事を下請けとしてSさんの会社に下ろすのです。すると仕事を待っているような状態で、仕事のないときとあるときがあり、収入も安定しません。他の人がとってくる仕事を待っていたのでは疲弊するばかりです。

会社は仕事を待ってはいけない

経営者は仕事を待っていてはいけない、仕掛けるのです。仕事がくるように、お客様がくるように仕掛けていかないといけません。たとえばスーパーマーケット。「本日の特売品」のチラシが入ってきますよね。その目玉商品を買いにお客様が足を運んでくれるわけです。この仕掛けも「戦略」。「戦略」というと仰々しく聞こえますが、どんな小さな会社にもこの企みがないと目的地や寄港地、到着日もわからない、ただ航行しているだけの船になってしまいます。

戦略をつくって営業に出る

目的地を決めて船を出す。するとそこに向かう方法や燃料の計算ができます。そのためには積極的に営業に行く姿勢が必要です。会社の経営者は自らがドライバーであること。仕事を選ぶことができないと納期と金額が苦しい仕事ばかりなので、利益が出るような状態になかなかなっていきません。「自社で積極的に営業にいきましょう。そのために自社の得意な分野やノウハウのある商品を絞り込んでみましょうよ」と提案しました。

自分たちだけで完結できる月刊誌、会員誌に特化していく戦略をつくります。三人の出版社でも「**得意な分野をつくり営業する**」、ここが基本です。その際、営業に必要なツールづくりから始めます。その後、営業戦略を立てて法人に営業に行き、すぐには仕事を取れませんでしたが、パンフレットの作成を依頼され、少しずつ売上が増えてきました。

ビジネスには必ずライバルがいる

ビジネスの世界には、多くのライバルがいます。その中で自分が選択される理由をつくっていきます。

競合他社

どんな商売にも競合他社といわれるライバルが存在します。これをマーケティングの世界では３Cとよんでいます。Company（自社）、Customer（顧客）、Competitor（競合相手）の三つのCです。

翻訳会社の例をご紹介しましょう。

自分の経験を生かして翻訳会社を始めようと独立したとしても、翻訳会社は大手から零細企業まであまた存在します。「うちの会社は翻訳をしています。英語だけでなくスペイン語、中国語など八ヵ国に対応できます」というのはどの会社もほとんど共通です。

ここから先は自分の会社が選ばれる理由をつくらないといけないのです。私がこの翻訳をお願いしたい、と思ったときに見積もりをとります。その見積もりの中で安いところに仕事をお願いするようになるでしょう。

すると**過当競争（安いものが勝ち）に巻き込まれてしまう**のです。安さ合戦が始まります。もっと安くしますから仕事をください、といって過当競争に巻き込まれていては、小さい会社は勝てません。巻き込まれない戦略をつくる。それは他社に追随を許さないような自分の得意な分野をつくることです。

ライバルとは違う得意分野をつくる

得意は農獣医薬分野

自分が経験してきた仕事内容でそれぞれ独立し、ワンルームから出発した翻訳会社の女性社長三人の専門分野と発展の違いを見ていきます。

アルビス社の副社長は三二歳のときに転職した翻訳会社が倒産。自分で営業し開拓した顧客がいたので、このまま独立しようと翻訳会社を興しました。翻訳の仕事を法人向けに営業し、メーカーや商社、さらに個人の医学論文などを引き受けていました。ここまでは大阪の一般的な翻訳会社でした。

ところが、海外からのペット用飼料を日本で展開しようしていた外資系企業の社長さんと出会います。時は日本のペットブーム。「ワンちゃん猫ちゃんのサイエンスダイエット」に代表されるペット専用飼料が輸入されるようになり、関連資料の翻訳を手掛けました。この仕事を引き受けた背景は、海外からＭＢＡを取得して帰国した獣医師の弟が会社に参戦したことです。

このペット食品の販売に際して、獣医師によるコールセンター業務を依頼され、請け負うようになり、次に、全国の獣医師の教育の主催など併せて仕事が拡張していきました。こうして海外の農獣医薬系の文献の翻訳を専門に扱うようになります。

さらに海外の獣医薬会社が厚生労働省への医薬品の許認可申請を代行するビジネスを併せてビジネスモデルとしています。厚生労働省の薬品の許認可は、日本の製薬会社でも専門スキルと多大な費用を必要とします。海外の会社でしたらなおさら日本の漢字や専門用語に対応できません。その結果、普通の翻訳会社ではなく、「農獣医薬専門」というニッチな分野で実績と売上を上げ、東京に自社ビルまで買って発展しています。

得意は医薬品分野

ＡＳＣＡコーポレーションの代表、石岡社長は通訳、翻訳者育成の翻訳機関で学び、その後、翻訳会社に営業として勤務していました。独立志向が高まったときに、「同じ分野での独立は許さない」と会社に釘を刺され、どんな分野にしようかなと悩んでいたときに、相談した方の息子さんが海外医薬品メーカー勤務で、海外のエビデンスなど医薬品の翻訳をしてほしいと依頼を受け、それをきっかけに医薬品分野での営業を開始しました。

医薬品は日本語でも難しいような用語ばかりで素人が読んでもわかりません。特有の専門用語を理解しなければいけないので、一般の翻訳者がとても手掛けられるような内容ではないのですが、石岡さんの会社はこれを専門にしました。

外資系製薬メーカーや大手の製薬メーカーへ営業を開始したのです。この営業戦略は、薬品会社のカンファレンスがあるときにブース出展し、案内パンフレットに広告を出すのです。ターゲットを製薬会社に絞るというのはある意味営業先をしぼりやすいのです。

この会社もワンルームから出発したとは思えない成長を遂げて、社員三〇人以上、大きな会社に発展して売上を伸ばしています。

もう一社は大使館などに出入りしている東京にある会社で、主にその国の観光パンフレットなどを翻訳案件としています。大使館には強いのですが、こちらは高度な英語力を必要としないためか未だに数人規模の翻訳会社で大きくなってはいません。

得意な分野が高度であれば利益体質になる

前出の二社の翻訳会社は、勝ち組企業になって発展しています。翻訳サービスがそんなに儲かるとは思えないのですが、この発展の重要なカギは二つの会社ともニッチ（隙間）で高度な分野を手掛けている、そして営業力があります。

高度な分野ほど利益率は高い

生き残るために必要なのは、自分の専門分野をつくること。それが高度な分野、ノウハウが必要な分野ほど単価が高く、利益率も高くなります。

私も人材ビジネスで独立したときから、パソコンのインストラクターやオペレーター、ソフトウェア開発要員、マニュアル翻訳要員といった分野に力を入れていました。最初は来る仕事は何でも拒まず手掛けていたのですが、受付や事務の派遣はスキルも高くないため請求単価が安いので利益が上がりません。単価の安い仕事は大資本の大手の派遣会社が引き受ければいいということで、請求単価が低い仕事はお断りしなさいと営業に号令。単価の高い、製品開発やマニュアル翻訳の仕事の方が一・五倍もの請求金額となりますので、その分野に力を入れる営業戦略でした。

多職種を手掛けると少ない営業ではエネルギーが分散します。**同じ分野を選択して集中的にする。この戦略が自社の利益体質に結びつきました。**

ところがこの難しい分野のスキルを持つ人材は、事務要員と違ってなかなか採用できません。英字新聞に募集記事を出したり、翻訳会社に問い合わせしたり、募集にも採用にも工夫し、人集めに本当に苦労しました。結果、他社と競合しない分野をつくっていくことができたのです。

後からわかった高スキルの恩恵

さらにこの戦略には会社を助けてくれるような事態が起きます。人材派遣は景気の波に大きく左右されます。メーカーの景気が悪くなってくると、派遣要員は契約なので契約終了が相次ぎます。事務要員で派遣していると雇用調整が始まり契約終了となります。スタッフにとっても会社にとっても失職は大きな痛手です。ところが、マニュアル翻訳やインストラクターは特異なスキル、高スキルを保持している人材なので、派遣先の会社側が手放しません。自社の戦略が大手ほどのダメージを受けずに経営を継続できたのです。ニッチ分野のノウハウを貯めていけば、それが優位性となっていくことを学びました。

あなたから商品を買いたい理由を強固にする

先日、東京都が開業したい方の創業支援のために借りているショップへ足を運びました。このショップがある街は店舗の家賃が高く、個人出店となるとかなりの資本投下を必要とします。どうして家賃が高いのかといえば、それは町全体に集客力があるからです。ランチ時ともなると駅前は待ち合わせの女性たちであふれています。それだけ魅力的な街なのです。そんな土地に、東京都が創業スクールを修了した方たちに、一年間、格安の費用で店舗が借りられるチャレンジ制度を開始しました。

私が行ったときには三店舗が入居。オリジナルのアパレル（洋服）、オリジナルのアクセサリー、そして陶器・食器販売の三店舗でした。一年後にはここを出て自力で店舗を借りて出店するシステムです。食器店を見てみると、その品揃えは高島屋やヒカリエの雑貨店にあるような商品、私も見かけた商品がほとんどでした。

少しオーナーと話をしました。

「バイヤーの経験があって始められたのですか?」
「バイヤーの経験はないのですが、商品企画などをしていたので、大好きな土の文化、日本文化を残そう、と定年前に創業塾へ行って始めました」
「自由が丘は雑貨店が多くて魅力的な街ですよね」
「自由が丘は素敵な街です。平日は中年の女性が多く訪れてくれます。でも皆さん買ってはいかないのですよ。ただ見ているだけ。一年後にここを出て、店舗を借りないといけないのですが、そうなるときついですね」

自由が丘は女性に人気の街です。雑貨も楽しい品揃えのお店が多く、見ていて飽きないショップがたくさんあります。それだけに店舗の入れ替わりも相当数あります。

食器好きな私は商品を見させていただきました。セレクトショップです。ここでしか買えない商品がこのお店にはない。直接窯元と契約しているような商品やこのお店のオリジナル作品がありません。どこにでもある商品を仕入れて販売している。ここで食器を買う理由はどこにあるのだろう?　と老婆心ながら思ってしまいました。

買いたい!　と思う商品に出会うと、素敵な食器だなあと思うのと同時に、「別にここで買わなくてもすぐに必要じゃないから重いものは後で、ネットで買っても……」と消費者はいろいろと考えます。これが競合他社の存在する原理です。

オリジナル商品

仕入販売していても、「オリジナルの商品」がなければいつか息詰まります。ここでしか販売していないオリジナル商品、希少な品ぞろえは必須です。「この窯元のお皿は東京では**ここでしか販売していないのですよ**」と言われるとどうでしょうか。気にいった商品であればきっとここで購入します。

あなたならどのように売る？

いくつか思いつく方法を書いてみます。

食器を求める機会は自分仕様とは限りません。私だったら、贈答用セット商品をつくります。オリジナルの素敵なセットを中心に並べます。新婚家庭向きにはお茶碗とお箸と小皿のセット、引っ越し祝い用に急須と湯呑のセットなど、自分のセンスできれいな箱に入れてつくります。事実、「バースデー」という名前の贈り物主体の品揃えをしているお店を商業ビルで見かけます。

セット売りの果物の単価は高い

駅前の果物屋さん、自宅用のミカンやナシは、一山いくらという安い料金になっています。

一方で、贈答品はブドウやメロンが組み合わされて恭しく箱に入り五〇〇〇円や七〇〇〇円のセット料金になっています。セット料金は商品が複数はけて、しかも単価が高いのです。人は自分のためになら安いものを求めますが、人に差し上げる贈答品は高いものです。

オリジナルの包装紙

ある京都の和菓子屋さんの包装紙がとても素敵でファンが多いそうです。書家が書いたオリジナルの包装紙で、毎回あるわけではないのだとか。この包装紙が欲しいために和菓子を買う人もいるということでした。今はクッキーなどのパッケージが素敵だからと買い求める方が多くなっています。魅力的なオリジナリティーのある包装紙は立派にこのお店で買う理由です。

あなたのお店や会社が選ばれる理由を「優位性」と言います。この優位性が多い、もしくは魅力的であれば、あなたから商品を買う理由になります。

STEP 5

経営を学び、売上を上げる発想を身に付ける。

複数店舗を経営する

飲食店、マッサージなどの店舗は複数店を経営するとスケールメリットができます。ネイルサロンなどの場合も一人で営業する店舗より、複数店舗を経営するモデルづくりを考えていくことです。

マッサージやカイロなどの資格を取り、働いているうちに顧客が付くのでそのうち独立して数人を雇い、事業を大きくしていくことができます。美容院でもエステ、ネイル、マッサージなど、複数店舗を経営するノウハウがあると企業体になり、売上が大きくなっていきます。

商店街にある接骨院は、保険が効くので私はよくお世話になるのですが、四人ぐらいの若い柔道整復師の資格者が施術をしており、客足が途絶えず常に活気があります。聞くところによると関東近郊で同じような整骨院を二〇店舗ほど運営していて、社員が一〇〇人ほどいるとのことでした。

専門学校を卒業したばかりの柔道整復師や鍼灸マッサージ師を雇い、寮を完備し、商店街や住宅地で展開するモデルです。これから高齢者が多くなる日本で整骨院は有望なビジネスです。複数店舗を経営するようになると、社内での人材育成や人材雇用の仕組みもできてくるようです。さらに若い層が院長として成長するので、息の長いビジネスモデルとみました。自分のスキルを上げるだけでなく、運営やマネジメントを学ぶと大きいビジネス展開ができるようになっていきます。

短時間、低価格で回す仕組みをつくる

今や多くの女性がネイルをするようになりましたが、難点は時間がかかることです。月に一回美容室へ行き、ネイル、エステと女性は本当に時間とお金が必要です。ネイルはどうしても後回しになり、美容室で髪を染めながら、パーマをかけながらネイルするなど、何かのついでにすることが多くなります。

自由が丘にＮＯＮＡＩＬというネイルサロンがあります。ここは一時間で四九九〇円のジェルネイルを仕上げてくれます。短時間で仕上げてくれる点とプチプライスは画期的で、七日く

らい先まで予約で埋まっている人気店舗です。自由が丘の他に、池袋、渋谷など七店舗を展開していて経営者は男性とお聞きしました。

このお店のビジネスモデルを整理してみます。

①四九九〇円の定額ネイル。

②オフから始まって、一時間でネイルが完成。

③ネイルの種類は写真の中から選択。

④ホットペッパーで予約を受け付けているので二四時間予約可能。

⑤新規顧客も再来店顧客も同じ料金。

⑥複数店舗を都内で経営。

無駄なく一時間で施術者を回すので料金も安く提供でき、社員がお客様を待つという無駄な時間がありません。こういう発想は施術者本人にはなかなか生まれません。四九九〇円でオフィス仕様のネイル提供は、安さと手軽さで顧客を引き付ける魅力があります。

ネイルは時間がかかるので、毎月コンスタントに来店できる女性は少ないのですが、一時間で仕上げてくれるスピーディーさ、それによって料金もリーズナブルに提供できるビジネスモデルは、ネイリストの空きがなくなり、会社としても効率が良いのです。

定期的にお金が入る「仕組み」づくり

第一章の「成功事例②」で取り上げた美歌さんのエステサロンもこれに似ています。定額で毎月通えるフェイシャルサービスを提供しており、エステサロンにしては格安です。人を雇って経営するサロンは、空白時間があると効率が悪くなりますが、定額制にして無駄なく回すのです。低価格で毎月通う方式を採用すれば、毎月同じお客様が通ってくるので集客に困ることはなく、毎月の売上も決まっていて予想を下回ることはありません。

さらに、安い料金では利益が少ないと思われますが副産物は物販です。日に六〜八人もサロンに来てくれるようになれば化粧品の購入があります。ここでも利益を出せるようになっているのです。サロンに足を運んでもらえれば、何かしらのメリットがお店にはあるのです。

定期購入

定期購入サービスも同じような仕組みです。毎月購入することで割引が受けられるというものです。サプリメント、化粧品、日用品など身近にいろいろなサービスがありませんか？　メリットは毎回契約が継続されているので、売上の予想ができることです。よって、生産が必要な商品は計画生産ができます。

定期的にお金が入るのは年会費も同じです。「年に一度定期点検に来ます」、「年に一度の会員の年会費が発生」。これも定期的にお金が入る仕組みです。レンタルビデオ、英会話、スポーツクラブ、美容脱毛なども利用ごとにではなく、定期的に会費が引き落とされます。ゴルフ場、会員制クラブ、車の保険など、定期的に月単位、年単位で引き落とされるビジネスは収入が読めます。月や年の会費を払っても継続したいメニューをつくりだすと売上が安定してきます。

こちらから配信し情報を届ける

差し出されたものに対して購入を検討する

今はホームページがあれば人が来てくれる、ブログを書けば来店してくれる、なんてことはありません。「ホームページを見に来てくださいね、そこにあなたへの特典がありますよ」と言わなければ誰も見てはくれません。

ある出版社が、新刊が出るたびにホームページに掲載し販売していました。そこそこファンが付いていたのでしょう。新刊本はそのホームページ上で売れていきました。さらに販売する方法を検討し、購入した方を対象に新刊本のお知らせをメルマガでお届けすると、ホームページに掲載していただけのときより一〇倍売れるようになりました。

これは何を意味にするのかというと、「こんなものがありますよ」と絶えず情報を相手先に発信していかないといけないということです。人は目の前に差し出されるものに興味を示し、購入を検討します。いつもここを見てくださいね、と呼びかけても、特典がなければ自分からチェックに行くのは忘れてしまいます。

実物が目の前にない商品やサービスに食指を伸ばすことは少ないのです。こちらから絶えず発信していくこと、そのために顧客のメールアドレスやＬＩＮＥサービスを利用して情報を届けていく必要があります。

第三章

成功する戦略、失敗する戦略

◎経営者として勝者になるために

成功する戦略

ビジネスモデルを真似る

ビジネスに必要なのは戦略づくりです。しかし、事業初心者にはなかなか思いつくことはできません。多くの成功した経営者は、すでに存在するビジネスモデルを真似ています。自分が勤務していた会社の事業を真似るケースです。

私が起業したときは、派遣会社の内勤社員として勤務してそのノウハウを学び、派遣先で勤務しているうちに「このビジネスモデルは自分でもできるわ」と思ったところからスタートしました。勤めていた会社のビジネスモデルをそっくり真似て開始したのです。

私は大手の人材派遣会社に勤めていたので、会社が求める人材を採用して派遣するというルーティーンから見積書、請求書まで真似ていました。こうして同じ事業に乗り出したのです。

ビジネスモデルを真似る、それも自分が手掛けられる規模の得意な部門だけを真似て同じことをしていく。会社から独立していく方は、ほとんどがＢ toＢビジネス（法人相手）を始めています。自分が最初の会社で知り得た仕入先、外注先、顧客をフルに活用することで、すぐにビジネスを軌道に乗せることができるからです。

ニッチな分野に絞る

ビジネスモデルを真似ても大手とまったく同じ戦略では、小さな会社は歯が立たないので、**自分が得意としていて、大きい会社が不得意としている部門を手掛ける**ことです。

私の知り合いの社長は元商社員でアパレル担当。ヨーロッパの有名ブランドを探してきて日本で提携販売するというビジネスを手掛けていました。全国規模で展開できるような売上の大きいブランドを探し、売り出すのが商社の役目です。一方で、同じアパレルでも小間物——たとえばアクセサリーやスカーフ、毛皮、ベルトなど——は、売上規模が小さく、商社が直接輸入して手掛けることはしません。ここに目を付けて、この社長は独立して、商社にいたときに知り合ったヨーロッパの仕入先を周り、小間物の輸入をして商社やブティック、百貨店に卸すビジネスを始めました。

自分がまったく経験したことのないビジネスを事業内容にしても、お金になるまでに時間がかかります。顧客や取引先がいるビジネスはスムーズに売上が上がります。ビジネスモデルは自分が経験したその延長線上や横にあることが多いようです。

得意な業界をつくる

私のところに相談に来られた建築デザイナーのBさん（男性）は、建築、内装デザインを手掛けています。これまでどんな仕事を手掛けてきたのかと聞くと、今までの作品集を見せてくれました。

「美容室、エステサロン、オフィス、カフェとかいろいろやってきました」

「その中で、得意分野はありますか？」

「特にありません。依頼されたことは何でもしてきたので……」

何でもできますは、何も得意なものはないということ

Bさんのビジネスは、言われた仕事を言われた金額で請け負うという姿勢でした。

「Bさん、自分の得意な分野があると、その業界の方が仕事の依頼をしますよね。その業界に営業に行けばいいと思いませんか？　何でもやりますというのは、相手がBさんを選ぶ理由に

欠けると思う」

「そうですね。どこに強いかって言われてもいろいろな仕事をしたいので考えていませんでした。それでも今までは紹介で仕事が来ていたんです」

「小さい会社は『何でもできる』より、**得意な分野があると強いの**」

たとえば美容院は、回転が速いと思いませんか？　私の知り合いの夫婦二人で始めた内装会社は、最初に来た仕事が美容室の内装で、そこから紹介で仕事をもらうようになったそうです。その後も美容院の内装を中心に仕事をしているうちに美容室の内外装で有名になって売上八億円まで成長。美容機器の最先端情報から水回り管の配置、客の導線、顧客管理システムの導入まで提案できるようになったので、自分たちは他社より美容院には強いのだと言っていました。

同じ業界の内装を手掛けていると、たとえば「シャンプー台はどのメーカーがいい」といったことまでアドバイスできるようになり、美容業界が得意になります。それが顧客の心をつかみます。

必要な人脈に近づくアイデアを出す

規模の小さい会社であれば、経験のある業界に特化して営業するのが得策です。たとえば、介護業界の仕事をした経験があるのであれば、業界用語がわかるというメリットを活かして、介護施設を運営している会社へ営業するという戦略です。では、この場合、どうすれば介護会社への営業アポイントが取れると思いますか？

①リストをつくり、電話をするかメールを入れる。②専門誌に広告を出す。しかし、info@で始まるメールアドレスに広告やご挨拶メールをしても、読まれずにゴミ箱行きの可能性が高いでしょう。

営業先を効率よく開拓する

介護関連会社の方と知り合って、その業界を専門的に攻めるための戦略を立てたとします。では、どうしたら効率よく、その業界を知り業界の方と近づけるでしょうか。**私なら、その分野の会社の名刺を一日で一五枚は手に入れてきます。**

たとえば、ビッグサイトで開催されるイベントを調べるのです。ビッグサイトでは、年間五〇〇以上の展示会が開催されています。その中に「介護業界の未来」や「介護と医療展」といった関連のイベントがあります。そこに足を運ぶのです。出展者がどのような商品やサービスを提供しているのかを見学し、展示ブースにある「機関誌」「パンフレット」を手に取ります。担当の方がいますから商品の説明を受けつつ名刺交換をすることができます。

実際私はこの方式で営業していました。岩盤浴ビジネスをしていたときは、他会社の方とも名刺交換して営業をしていました。ブースの大きさで会社の規模がわかりますし、直接取り扱いアイテムの説明を受ければ話が早いのです。自分がその業界の知識なくして、営業の成果を上げることはできません。まずは**その業界に足を使ってよく知るところからです。**

Check point

自分が欲しい人脈に近づく方法をいくつか思いつきますか？
ビジネスは、お金と時間を使って解決するよりもアイデアです。

よく知っている人たちが顧客

小さくても生き残れるのは、優位性（長所・特徴）がある会社です。私のちっぽけな有限会社が上場企業と契約できた背景には、私がキヤノン販売の代理店に勤務していたので、その経験から大手派遣会社の営業と違って「キヤノンという組織をよく知っていた」という優位性があります。

顧客にとって自分のことをよく知っている人は便利であり、快適であったりします。私のセミナーでは、「何か事業をしたい」と参加してくる方に、「あなたがよく知っている人たちが顧客です。あなたを知らない人がいきなり仕事を頼んできたりはしませんよ」と話をします。

自分が一番よく知っている人脈が顧客

セミナーに参加してくれていた女子に、カナちゃんという方がいました。彼女は若い頃から水商売一筋で、祇園、銀座とホステス一筋一四年。業界も東西のホステス事情もお店の仕組みも熟知しています。普通でしたら、ホステスの経験を積んだ後は銀座のクラブのママになるという道を考えるかもしれませんが、彼女は他のセカンドキャリアを探そうとセミナーに参加してくれたのです。彼女が偉いのは、夜も遅いだろうに朝のセミナーに時間に遅れずに参加してくれたことです。「この姿勢なら、独立しても成功するだろうなあ」と私は期待を寄せていました。

セミナー終了後にキャリアコンサルティングを申し込んでくれて私に報告してくれたこと。

「千由紀さん、私、ホステス専門のカウンセラーをします」

カナちゃん、グッド!!　ホステスさんにはホステスさんにしかわからない、お店のルールや銀座のルール、お客さんとの恋愛、働き方、お金など特有の業界問題があります。これはホステスさんを経験した女性にしかわからない問題です。そのお悩みを聞いてカウンセラーとして独立する。これは私が口を酸っぱくして言っている「**顧客をよく知っていること**」から出た発想だと言ってくれました。顧客は自分の職業と同じ属性の人たちです。カナちゃんは一四年間も同じ業界に身を置いているのです。二、三年ホステスをした人とは経歴が違い、裏も表も良く知っています。

さらにホステスさんは普通の女性よりずっとお金持ちです。ということは富裕層ターゲットのカウンセラーができるわけです。自分が知っている人たちがお客様、というとても良い例です。私もＮＬＰという心理学のスクールを終了しているので、カナちゃんにも紹介したところ、彼女は早速受講し、さらに上のインストラクターが受講するコースにも進んでいます。すぐに行動する、そして自己啓発に余念がないカナちゃんのこれからが楽しみです。

Check point

あなたがよく知っている人たちは誰でしょうか？
顧客が最初からいると、そのビジネスが早く、お金になりやすいのです。

法人取引を目指す

どんなビジネスも、取引相手はBusiness（法人）、Customer（顧客）の二種類です。そして、取引の形態には大まかに三つの取引方法があります。

①B to C（Business to Customer）　会社が個人に販売する。
②B to B（Business to Business）　会社が会社に販売する。
③C to C（Consumer to Consumer）　個人が個人に販売する。

大きな利益を生み出すのは②の法人取引です。

同じセミナーメニューを提供した場合、個人相手と法人相手ではどのくらいの違いがあるのかを考えてみましょう。法人相手で、たとえば社員に「社員研修」を四時間実施したとすると一五万〜二〇万円くらいの見積もり金額となります。社員が何人参加しても同料金です。相手先企業の従業員なので集客は必要ありません。

それを個人相手に「自立独立のためのセミナー」を実施したとします。セミナー集客して一〇人来ても、一人五〇〇〇円単価で五万円です。さらに広告宣伝費もかかるかもしれません。同じ内容でもこのように法人との取引は個人相手のビジネスと違って「年商」の桁が違い、売上と利益が違います。ここから考えられることは、法人取引をするにはどうすればいいのかと考えていくことです。

趣味をビジネスにしたいと言っても、起業できるようなビジネスモデルにするのはなかなか大変です。

経営者が年収一〇〇〇万円欲しいと言ってビジネスを始めても、年商（売上）一〇〇〇万円のビジネスでは到底手にできないことがわかります。もっというと、年商一〇〇〇万円では、家賃や従業員給与などの固定費を支払い、仕入れ代金を支払い、借入した金額を返済し、法人税を払うと手元に残る金額はわずかです。起業の取引形態として、法人相手の取引をすると、月に九〇万円はそんなにハードルの高い売上ではありません。

「そんなに簡単に法人相手の取引と言われても難しい」と思われるかもしれませんが、**意外に個人仕様でも法人仕様でもよい業種はあります。**

法人ターゲットが仕事になる業種

▼マッサージを提供する場合

私の知り合いは、マッサージ師を企業へ派遣する会社を経営しています。映像制作会社やIT企業への福利厚生として、マッサージ師を週に三〜五日派遣して一日常駐させています。この契約ですと店舗を運営する費用も必要なく、集客もしなくてよいのです（実際は店舗も運営しています）。

マッサージ師の人件費としてその派遣先会社に請求する形で、いわば人材派遣のマッサージ版です。その会社にとっても、同じ福利厚生でもスポーツクラブと提携しても使う社員はわずかですが、マッサージは社員がまんべんなく活用するのでとても好評だそうです。

▼コーチングの場合

個人相手のコーチング受講を集客するより、企業契約して活躍している方は多いはずです。企業との契約で定期的に経営陣にコーチングを実施し、部下のマネジメントに活かしている経営者、中でも外資系企業は必ずと言っていいほどコーチングを受けます。起業需要が高い仕事の一つです。

▼カウンセラーの場合

産業カウンセラーや会社の衛生委員会のメンバーとして活躍している方も多いのではないでしょうか。今や企業では、社員が定期的にメンタルチェックを受診しなくてはいけないという背景があるので、産業医と連携して企業と契約している方も多いと聞きました。カウンセラービジネスを希望する方は多いのですが、企業と契約するためには産業カウンセラーの資格を取る、もしくは今後、大学卒業後の国家資格として心理カウンセラーの資格を持つことなど専門性を要求されます。

▼クリーニングの場合

友人の会社はクリーニング工場を持っています。クリーニングというと街の商店街に取次店があって、お客様は個人という店を思い浮かべるかもしれませんが、彼の会社は法人契約を中心にしています。銀行や各企業に出入りして制服、レストランの作業着などを定期的に集配し、クリーニングして返却するというモデルです。

今は会社に制服がなくなったので昔ほど需要がないのではないかと思いきや、工場団地にある工場の作業服、レストランや居酒屋、飲食関係の服など大概のお店に営業に行くと取引が決まると言っていました。個人宅は「シミがまだ残っている」など少しのことでもクレームになるのが、工場の制服など常時汚れているものは着ている人もさほど気にしていないのでクレームが少ない。

さらに年中安定して仕事が入ってくるので、衣替えの季節以外は暇、という状態もなくなります。また、一回一〇枚単位など、受注量も大量になるので管理がしやすい。単価が安くてもメリットは多いので安定して工場を稼働させることができると言っていました。配送に宅急便と契約しているとのことでした。

これを応用すると、町のクリーニング店を経営している方も、「待ち」の店舗だけでなく、**レストランや会社へ営業に行けばいいのになあ、**と思うのです。

▼酒屋の場合

街の酒屋も今や一般客の販売よりも、居酒屋やレストランといった業務用販売を中心にしています。ある会社は、飲食店にお酒を卸すだけでなく、レシピづくり、メニューの提案やレジの提案、飲食店の店舗空き状況まで知っていて飲食店のコンサルティングを行っています。

このように、法人取引はさまざまな業種に応用できます。仕事を客待ちでなく外へ取りに行く、という戦略づくりと営業力は必要になります

上顧客がいると集客の必要がない

個人事業で相談に来る方のほとんどが「集客できません」、「もっと集客したい」とおっしゃいます。集客は会社の生命線ですが、小口顧客ばかりに目を向けず、法人同様、大口顧客がどこかにいないか目を配ります。

ある花屋さんの例

私の親戚は花屋を経営しています。私鉄沿線の駅前にある昔ながらのお花屋さんです。派手で華やかな感じではなく、個人客向けに仏花やプレゼントのお花を売っています。個人客は一本三〇〇円のバラを三〇〇〇円くらいの花束にしてプレゼントにしたり、自宅の仏花などの購入が多くなります。

一見地味なお花屋さんですが、この店は実は繁盛しています。まず、近くの大きなお寺からの籠花の注文が日常的にあります。葬儀のときや法事のときも、そのお寺から注文が入ります。

注文が入ると、熟練の店員さんが法要の菊の籠花などをあっという間につくってしまいます。

特に、有名人のお葬式があるときなどは注文が多く、菊の花を市場に二回も仕入れに行っていました。籠花の平均単価は二万円。葬儀のときは平均一〇〜一五個、多いときには二〇個以上も納品します。芸能事務所などから、「女優さんなので、カトレアを添えてほしい」、「蘭を華やかに入れてほしい」などの注文もよく入り、そんなときはぐっと単価が上がります。

お店にお客様がいないから、いつも空いているからといって、「儲かっていないのかしら」などと思うと大違い。一回で一〇万円以上の商品をお寺に納入しているのです。目を引くような駅前のかわいいお店ではありませんが、実はそういったお店よりも売上は多いはずです。そして、そのお店の奥の部屋では、生け花教室やフラワーアレンジメントを教えているので、その教材となるお花も売上がコンスタントにあります。

また、芸能界の華やかな世界、プロダクションに出入りしている花屋さんがあります。「〇〇さんがミュージカルに出演」となると、いろいろな方がお花を贈ります。ステージ、歌舞伎、イベントなど芸能人が所属している会社と契約すると、おつきあいのお花の贈呈がかなりの数あります。お花があるところに商売があると考えることができます。

以前、勤務していた大手企業は、従業員の誕生月にお花を贈っていました。つまり会社に出入りしている専門業者がいたと考えられます。法人取引は上得意客になるのです。

では、これを自分のビジネスに応用してみましょう。大口顧客になってくれそうなところに営業に行くのです。

①大きな売上の大口顧客、法人顧客。

②安定的な売上になる顧客。

この二点を掴むと売上も大きくなっていきます。

Check point

身近にいる大口顧客、法人の顧客を攻略する営業手法を考えてみましょう。

いつも「売り上げる」ことを重要視する

料理研究家がビルまで買った

どの会社も最初は集客に力を入れますが、その後は「全体の売上」を考えていきます。その例を見ていきましょう。ある料理研究家の女性は、自宅のお料理教室から始めて銀座にビルを買う事業家にまでなりました。

この方の料理の特徴は、農薬などの有害な成分を徹底して取り除き、体に良い素材だけを使うということでした。素材には下処理が必要で、たとえば野菜でも肉でも二時間以上水につけて化学物質を流すという考え方です。これが健康に良いと大ブームになってお料理教室は連日満員御礼でした。

しかし毎日、毎日この手のかかる料理ができるのは時間のある専業主婦だけです。働いている女性はお料理教室に通っても、家でつくる時間がありません。そこで、惣菜を販売するようにしたのです。その料理の評判を聞いたデパート担当者が惣菜をデパ地下へ誘致したのです。デパ地下の売り場は大盛況です。ここでは大変よく売れたのですが、ストックに限りがあります。連日大盛況の売り場を見ながら、「この商品をもっと多くの方に届けるにはどうしたらいいのだろう?」と考えました。そこで、「デパートに来なくても全国どこからでも買える方法」として考え付いたのが通販です（当時はまだ通販黎明期でした）。

ファックスで注文をもらって真空パックにして商品を発送するという方法です。このメリットは**①全国どこからでも購入可能、②二四時間注文が取れるということ。**惣菜は工場でつくるようになり、フル稼働をしたと聞いています。当時はＥＣサイトなどない時代で、ファックスで注文をとって頑張っていました。

このようにして、売上を伸ばしていき、料理教室から始まったビジネスが銀座にビルを買い、その中にレストランまで開業したのです。一人の主婦が始めた料理の手法が多くの方の心にさせ、さらに「もっとこの良い商品を販売するには」と自分で考えた手法でビジネスを拡大させていきました。

Check point

「この良い商品の売上を伸ばすには？」という視点で考えていますか？

自分がターゲットの層に属するようにする

鯛を釣りたいのに、イワシの群れに行っても釣れない

ターゲティングとは、あなたの商品を購入してくれる人たちです。買ってくれる人をどこで見つけますか？　どのように情報を届けますか？　子ども服を販売したいのに独身ＯＬのところへ行っても売れないのは明白です。「鯛を釣りたいのに、イワシの群れに行っても釣れない」という言葉がありますが、これはよくそれを表現しています。つまり、ターゲットをはっきりさせなさい、ということです。

私は、「個人向け商品を販売したければ、最初にターゲットになるのは必ずあなたの属しているところにいる人たちですよ」と教えます。私はこれを「鯛戦略」と名付けています。私たちはどこかのコミュニティーに属しています。会社員であればもちろん会社に属しています。主婦でも家族、地域の住人、ママ友仲間、マンションの住人、町内会、趣味関係仲間がいます。経営者であれば、社会的交流会に属しているでしょう。鯛を釣りたければ意図的に鯛のいるところに所属するのです。

高級マンション理事を引き受けた保険営業マン

外資系保険の営業マンT氏のターゲティング戦略は見事でした。T氏は富裕層をターゲットにした仕事をしています。T氏は芸能人も一時住んでいたような有名高級マンションに居を構えました。

分譲マンションには理事会があります。住人がマンション内で快適に暮らせるために住人の代表として理事会を率先して開催する役目です。理事は面倒でやりたがる人は少ないのですが、T氏はその理事を引き受け、住人のさまざまな問題に対応していました。自転車を駐輪場でない場所に放置している人がいる、上の階の騒音が気になる、ごみの分別をしなくて出している人がいる、など日常小さなトラブルがありますが、理事会に掛けるほどではない問題は理事長のT氏が相談を受けていました。T氏が面倒見よく皆さんの相談に乗ってくれるので、皆さんが頼りにするようになり、その評判が住人間で認知されていきました。

T氏の誠実な対応を住民が信頼したのでしょう。住民の方がT氏に子どもの学資保険や家族の保険の相談をするようになっていったのです。T氏が保険を薦めなくてもT氏と接していた住人が自ら保険の相談をするようになったのです。高級マンションの住人ですから、保険も普通の会社員より高額な保険に加入します。

自分の住んでいるマンションが鯛の住んでいるマンション。同じマンション内なので加入する方も何かあればすぐにT氏に相談できるという信頼感があります。このように、「鯛戦略」は身近なところで発生し、成功していきます。同じグレードを共有しながら自分のできることを提供する、これが鯛戦略の基本です。T氏の保険営業マンとしての成績は常に上位と聞いています。

このように、**「鯛を釣りたければ、鯛のいるところに行く」鯛戦略は金脈**になるのです。ビジネスをするのであれば、それなりの人脈と交わることでビジネスが発展していきます。

考え方、ライフスタイル、何を勉強してどのように働いているのかをよく聞き、観察する。するとなるほどなあと思える、自分には違った価値観を知る、そんな場所は？　と考えてみてください。

自分がよく交流している人たちとあなたは同じ年収

住んでいるマンションの住人、会社の同僚、気の合う友人たち、あなたはその層の人たちと同じくらいの年収のはずです。朝活のママたちも同じような年収。飛びぬけて自分で稼いでいる層の方たちと交流はほとんどないですよね。フルタイムで働いている女性も同僚であれば同じような年収。人は同じような年収の層と行動します。女子会で「仕事どうしたらうまく行くのかしら」と言って、経済感覚のない人とお茶会をしているメンバーの年収が平均二〇〇万円なら、あなたもその域と思われます。社会的立場と年収は共感を呼ぶ層に留まるからです。

もしあなたが年収一〇〇〇万円になりたいと望んだら、年収一〇〇〇万円の方との交流をする場に行くのです。経営者もそうです。年収六〇〇万円の経営者は、上場している会社の経営者としょっちゅう一緒に行動することはありません。上場経営者は上場した経営者同士、同じゴルフ場でゴルフをしています。経営者でもクラスがあるのです。高級マンションに住む人たち、**年収やお金の使い方も同じような価値観を共有する場合が多いのです。**

Check point

いつも過ごしている人は年収いくらでしょうか？　どんな話をしていますか？　学びの場に行っていますか？

人脈をつくるために自ら動く

自分の〝鯛〟はどこにいる?

では、富裕層が住むところに住んでいなければビジネスができないかというと、そんなことはありません。自分から狙った場所へアプローチすればよいのです。たとえば私の場合は、ゴルフはハイソサエティが集まる場であると踏んで、ゴルフを始めました。会社を始めたばかりの私は、運転資金もまだ十分ではなく、派遣社員のときの方がお給料が多かったくらいの収入でした。そんなときに、キヤノン販売の方たちが、二泊三日の軽井沢でのゴルフ合宿に誘ってくださったのです。金銭的には負担でしたが、ゴルフとこの合宿は必ず自分を助けてくれる、そう思いこの合宿に参加したのです。

この合宿では、リーダーになる方が面倒を見てくれて、参加の皆さんが私のビジネスを認知してくださいました。そして仕事がある場合には必ず私に声を掛けてくれるようになりました。こうして、紹介だけでキヤノングループのお仕事をいただけるようになっていったのです。

やがてそのときに課長だった方は部長に昇進し、部長だった方は本部長に昇進し、とメンバーがどんどん昇進していったのです。このメンバーの昇進が私にもプラスになっていきました。

ゴルフの人脈が私の「鯛戦略」にあたったのです。

経営者はゴルフ好きが多いのです。銀行主催のゴルフコンペが年一、二回開催されていました。ゴルフ好きとなった私は、喜んで参加していたのです。その他、銀行の異業種交流会でも、多くの経営者から貴重な教えをいただきました。「鯛」のいる人脈にいると思わぬビジネスに発展していきます。私が駆け出しの経営者で何も知らない中、参加した銀行の経営者の会は本当に勉強になりました。皆さんの長い経営の間に銀行との付き合い、海外進出、本社建設、営業戦略、私がまったく経験したことのない大きい世界の話で、**メダカが海へ行ったような力の違い**を見せつけられました。でも、この交流がとても勉強になり、バージョンの違う女性経営者との交流がその後も影響を受けています。

最初はみんなメダカなのです。でも経験の中から独自の価値観を身につけ、大海へ出ていく体力をつけているのです。自分が大きなビジネスをしたいと思ったら同じような層に入っていくこと、そこで長い時間を共有していると「大きなビジネスになっていくのはこういう考え方なのか」と自分では思いつかないノウハウに出会います。ビジネスの成功を目指すのなら、経済感覚があり向上心のある人の層を探して積極的に関わっていくことです。「なんだかこの会の人たちはつまらないなあ」と感じるようになったら、あなたが成長してきた証拠です。次の層を探してみてください。

もし、平日の昼の会に行っているようでしたら、土日のセミナー、平日夜間のセミナーに参加することです。正社員は平日の昼は仕事をしているので、仕事が終わってからブラッシュアップをしています。

Check point

人脈をつくるために、何か行動していますか？

どんな人と関わりを持ちたいか、常に考えていますか？

自分の欲しい商品を世に出す

自分が欲しいものを世に出すという考え方

商品開発の例を挙げてみましょう。自分の欲しい商品、会社がつくりたいものを基準に商品開発を行うことを「プロダクトアウト」と言います。つくってから売り方を考えていくスタイルです。

株式会社クイーンの笹川社長は、ＩＴバブルの二〇〇〇年にＩＴ系企業の設立に参画。ＥＣ

サイト黎明期からモール出店によりネット通販をスタートしました。零細メディアの広告モデルはすぐに崩壊し、二〇〇三年頃から楽天に出店し、美容健康関連商品を女性向けに仕入れて販売していました。仕入れて販売するスタイルなので、どのお店も扱っている商品、オリジナル商品ではないので他との差別化が図れず行き詰ります。

これを打開するには、**オリジナル商品をつくることが必要**と考え、自社製品をつくろうと考えるのですが、何をどうしていいのか考えあぐねていました。その頃、実家の家族がアレルギーで頭皮が弱く、安心して使えるシャンプーがないと困っていました。当時、肌が弱い方のための化粧品はあってもシャンプーはなかったのです。そこで笹川社長は、「ならば使い心地のよい自然派のシャンプーを自分でつくろう」と思ったそうです。当時はオーガニックコスメもほとんどなく、オーガニックという言葉自体もなかった時代です。無添加のシャンプーがなかったのは、開発しても「価格が高い」というリスクがあったためと推察されます。

笹川社長は協力工場とかけあい、何度も試作を重ねてついにオリジナルの無添加シャンプー「ＵＲＵＯＴＴＥ」の開発に成功します。自分が欲しかった商品がビジネスの軸になったのです。つくってから、さてどうやって販売しようかということになりました。なんといっても無名のブランドです。ＥＣサイトに掲載しても、苦戦を強いられることはわかっています。

そのときに、「東急ハンズ」を紹介してくださる方が現れ、渋谷店で二週間販売をする機会を得ました。毎日店頭に立ち、熱心にサンプルを配布したのですが、配布した笹川さんの髪が素晴らしく黒くつやつやで、説得力があります。

その結果、「この商品は良い」という評判を得て、その後も継続して東急ハンズに置いていただけるようになり、知名度が上がりました。今でも東急ハンズシャンプーコーナーでは最前面にこの商品「URUOTTE」が置かれています。そして得意のECサイトでは、楽天から離れ、自社サイトで集客し販売することに成功、実力商品に育ったのです。ECコマースの黎明期から出店していたノウハウを生かし、評判の高いオリジナルシャンプーの販売に成功しています。

商品が世に出ていくには理由がありますが、**「その商品を世に出したい」という気持ち**、そして協力者がいて販路が開けた。商品開発力も人脈も大事です。一人の女性が開発した商品が、東急ハンズを紹介してくれる人脈をきっかけに製品として、会社として成長していきました。

Check point

「この商品をどうしても世に出したい」という強い思いが周囲を動かします。

◎経営者として敗者にならないために

失敗する戦略

お金と時間にルーズ

これまで成功した経営者を紹介してきましたが、現実には会社経営は簡単ではありません。毎年多くの方が起業していますが、起業から三年と持たずに会社をたたむケースのほうが圧倒的に多いのです。ここでは反面教師としての経営者の例をご紹介します。

私がこれまで見てきた中で、失敗する経営者に共通しているのは、時間とお金にルーズだということです。

時間を守れない

就業時間、約束の会議の時間、待ち合わせ時間にいつも遅れてくる、遅刻癖のある人っていませんか？　早く来て準備をすることができない人です。時間にルーズで、「ああ、またあの人ね」と言われる人です。こういった人は残念ながら仕事で信頼を得ることはちょっと難しい。良い話は信頼できる方に流れるものなのです。

信頼は短時間ではなく、小さなことを続けることで関係性ができてきます。小さい約束を守れず、「やる」と言ってやらない。「行く」と言って行かない人たちは、キャンセルすることで相手に与える損害を考えたこともないのでは？

実は、経営者の中にも遅刻癖のある人がいます。このような会社はお金が潤沢であるとはあまり聞きません。仕事に必要なのは安定であり、不安定ではありません。「この人に任せれば安心」といった安定です。

私は基本的にいつも時間より早く現場にスタンバイしています。それはこの仕事や会議に対する意気込みを示すことであり、時間をつくってくれた相手に対する礼儀です。ビジネスは信頼と安定の上に成り立ちます。

お金をすぐに払わない

お金に関して本当にルーズで、「人にお金を払うことは損」と思っているのではないかと思う経営者がいます。請求書を長い間保管していて支払いなんてまったく気にしていない経営者、周囲への支払いが遅い経営者、法人税の支払いにいつも延滞金が付いている経営者もいます。お金への意識が欠けているのです。

法人は税金を払って一人前であり、それを軽んじていては、入るものも入ってこなくなります。お金にルーズな経営者のところにお金は流れないのです。

仕事を紹介して、と言われてもこの会社に紹介してお金の件でトラブルになるのが嫌なので人に紹介ができません。こういった方と一緒に仕事をしたいとは思わないのです。

逆に言うと、外注先にも早くお金を払ってあげることです。繁栄している会社は金払いが良く相手は資金繰りが楽になって喜ぶでしょう。すると常に自分の会社の味方になってくれるはずです。支払いが良い会社は他社に気持ちよく紹介できます。お金も仕事も安定が好きです。

ビジネスシーンでLINEをよく使う

最近は、便利で早いからとスマホを使って仕事の契約内容までLINEでやり取りしている方を見かけます。パソコンメールでのやり取りが面倒になって、つい簡単なLINEでやり取りをしてしまうのですが、私の周りで女子二名が多くの金額を失いました。

LINEでやり取りできる発注はあるかもしれませんが、それは基本の契約書が存在してからの話です。その基本の契約書もなくやり取りをしていると思わぬ損失に繋がります。契約書や業務請負契約など、重要なものはパソコンメールでやりとりをして、印刷してください。

こちらがビジネスライクであれば、相手もビジネスライクに答えるものです。ビジネスに慣れていなくて、パソコンのビジネス文書が作成できず、LINEで、よろしく！　なんて友人言葉でやり取りをしていると、相手からも軽んじられてしまいます。

ビジネスのやり取りはきちんと契約書に残す。契約内容がわからなければ理解できる人にきちんと解説してもらう——これは基本中の基本です。ビジネスライクな対応ができない経営者は、外部業者にとっても〝これはルーズな客だ。チェックが甘いぞ〟となり、よいターゲットになってしまいます。LINEでビジネスのやり取りをしてはいけないのです。

契約書を理解できていない

ビジネスの基本は相手との契約をたしかに結ぶことです。ところが、契約書の内容を理解しないまま話を進めてしまい、その結果、多くのものを失ってしまう経営者がいます。

ある飲食店では、回転資金が足りないときに「エクイティファイナンスで僕が助けてあげる」と言われ、融資をしてもらえるのだと思っていました。エクイティとは、株主として資本金を入れることで融資金とは意味が違うのですが、本人にビジネスの経験がないので、やり取りの内容がきちんと理解できていないのです。さらに「他の取引先も紹介する」といった怪しいコンサルタントが出てきて、一気にお金を吸い上げられてしまいます。挙句の果てに、彼が大株主となり、会社を乗っ取られてしまいました。

わからないことがあれば税理士に相談すればいいのに、税理士に提出する毎月の資料も、決算の直近になっても整理できないほど山のように領収書を貯めています。仕入れや購入品、毎月のお金の管理がまったくわからない状態になっています。

また、あるサロンを経営している女子は、オリジナルブランドの化粧品の商品開発に、紹介してもらった業者とＬＩＮＥでやり取りして、商品製造を進めていました。相手と会うこともなく契約書もない様子です。

話によると、商品製造後は、サロンの他にメジャーな店舗に商品を流通させて販売する。そのために最初の資金が三〇〇万円必要というものでした。

「この内容、きちんと理解したのですか？　自分の感想をつけて送ってね」というと、本人は読んでいないのです。自分で読まない、**理解できない契約**でビジネスを進めてはいけません。

私は彼女に、「この契約書はあなたが商品製造をお願いする内容であって、責任をもって他店舗に販売するなんてどこにもありませんよ。それに商品別の個別発注書をつくらないと、違う製品が納品されても、『そんなこと書いてない』って言われますよ。個別の発注書、商品の仕様書をつくってくださいね。最初の取引の相手は、お互いの詳細部分はわかり合えないから慎重に進めて」と指摘したのですが、先にお金を払ってしまい、トラブルになっています。

資金があっても熱意がない

お金が潤沢にあればビジネスは成功すると誰もが思うかもしれませんが、資金が潤沢でもビジネスは成功するとは限りません。私がM＆Aで会社を売却した先の経営者は、両親とも有名な財閥一族出身で、有名私立大学を卒業し、誰もが知っている財界の経営者の娘と結婚したという、サラブレット家系に育った御曹司でした。まさに「華麗なる一族」の出身者です。

彼は自分の血筋と華麗な人脈が自慢で、政財界の方の名前が頻繁に会話に出てきます。この人なら人脈を手繰れば仕事はいくらでも取れるに違いない、私と違って洗練された人脈で羨ましい、社員もこういった社長の下で仕事ができると誇りが持てるだろうなあと思ったものです。

ところが、じっくり話してみると、会社の未来やマネジメントの話はまったくでてきません。この経営者は私が会社売却後、たった二年で自己破産してしまいます。お金があるからと言ってビジネスが成功するわけではないんだ、と本当にびっくりしました。

人は無いから無いものを得ようと創意工夫します。その努力が課題を乗り越えていく経営力となっていきます。毎回お金がどこからか出てくると、創意工夫などしなくてよいので、経営の筋肉が付かなくなります。何もない挑戦者であることが情熱を燃やせる原点になっているんだなあ、**ビジネスにはお金よりも情熱とセンスに軍配が上がる**と、教訓を得た一件でした。

素直でない

誰の話を聞く？

私が若い頃、上場企業のＴＫＣの伊藤専務とゴルフをする機会が何度かありました。全国一万人の税理士集団トップのＴＫＣの役員です。ラウンド中なのでとてもフランクにお話をしてくれるのですが、そのときに「社長は素直でないと会社は大きくならない。何千社もの経営者をみているとアドバイスを素直に聞いて実行している会社は伸びている、二言目には『だって』とか、『でも』という人がいるだろう、あれは人の話を聞いていないんだよ、素直な経営者にしか情報は入らないし成長がない」と話してくださいました。

「なるほど」

そういえば私の知っている経営者で勉強会に出てくるのですが、課題に対して提案をしても、「無理だよ」「だってできないもん」「わかってます」が口癖です。才能があるから苦手なことやアドバイスを聞けばもっとビジネスがうまくいきそうです。二言目には「私はもっと大きいビジネスができるから」と言っていたのですが、資金が続かず倒産。アドバイスをくれるメンバーの会に入っていたのに素直に聞き入れない、その結果なのでしょうか。

経営者はあるときから裸の王様になってしまいます。自分のスタイルを変えるのが怖いのです。でも時流によっては戦略を変化させないと生き残ることは容易ではありません。的確な情報をくれたり、**耳の痛いことを言ってくれる人を大切にする**か、近くにおくこと。これは大切なことだなぁと実感しました。

貧乏神、ビッグマウスと仲良くしている

「運が悪い」といってチャンスを失う人

私は人材ビジネスを三〇年以上携わっており、キャリアカウンセリングや他企業の採用面談

に同席し、延べ二万人くらいはお会いしています。採用面談にさまざまな境遇の方が応募してきますが、「前の会社は倒産して、その前の会社は給料が不払いでやめました。やめたら社会保険も未納で……ほとほと運が悪いんです」と、こういった気の毒な方にときどき遭遇します。能力的には問題はなさそうですが、本人いわく「運が悪い」

会社社長に、「私はこういった方を採用しない。貧乏神を会社に引き入れないほうがいいよ。運が悪い会社を選択しているのは彼だもの」と助言します。

「えっ、どういうこと？」

「運が悪いのは気の毒だけれども、そういった会社を選択してきた彼の判断ミス。言ってしまえば貧乏神の運。その会社のどこかにひかれて彼が入社を決めたわけでしょう。彼の人や会社を見る目がなくて、悪い会社や人ばかり引いてくる。一緒に仕事しても会社は繁栄しないと思うよ。どうせ仕事をするのなら福の神と仕事をしたいと思わない？」

「なるほどね」

どの会社も自分の意思で入社しているのです。その中で倒産や給料の不払いの会社を選択しているのは彼なのです。彼は会社、社会、人を見る目が成熟していないのです。

たとえば、「うちに入社してくれたら、社会保険に加入していない分、給料を多く出すよ」と言われて入社したら倒産した。とか、「うちは上場するから、社員に株を分ける。こんなチャンスめったにないよ。だから、それまでは給料は安いけれども頑張ってね」と言われ、甘い言葉に乗って給料一〇万円、ほぼタダ働き半年。そのうち社長が失踪して行方不明、なんて話もあります。

近寄ってきては「役員になってくれませんか？」と言われると悪い気はしないので役員になったら、「会社にお金を出してほしい」と言われ、赤字会社を背負うことになった、などビジネスの世界には「詐欺師まがいのビッグマウス」が相当数存在します。

運はコントロール不能のものではなく、判断力と知識で避けられます。福を呼び込む考え方をする方と仕事をしたいものです。起業時は少人数かもしれませんが、従業員の雇用、外注、手伝ってくれる人が存在します。人に恵まれない人は、正しい判断ができないのです。少しでも違和感のある人には近寄らないことです。

①自己啓発の悪い見本ではないかと思うくらい有名人の話をして陶酔している――地に足が着いていないのでは？

②自分を大きく見せたがる、自分の車でもないのに高級車の前でとった写真などをSNSにアップ――本当の金持ちはそんなことしないでしょう。

③SNSで毎回自分の顔をアップする人――心理学では人として成熟していない稚拙で気位が高い人です。近づいても成長がなく無駄かもしれません。

こういった方たちは、お会いしてみると現実的とは思えないお話が好きです。地に足の着いていない事業をしているか実績がない。だから自分を大きく見せたがるのですね。

逆に、この人は信頼できる本物だと思うと、とことん近くにいるようにします。するともっと幸運が待ち受けていることも発見しました。誠実な人、運の良い人、現実的な人と時間を共有したいですね。

共同経営を選択している

資本金が足りないから、友人と二人で資本金を出資して共同経営するという事例は多々あります。ですが、これは絶対に避けたいですね。**共同経営でうまく経営している例は、私の周囲には一例もありません。**会社を最初に始めたときは同じ志、同じ趣旨でスタートしていると思いますが、経営が始まると「あれ、こんなことではなかった」ということが日々起きて、最終的には喧嘩別れです。私も岩盤浴ビジネスを始めたときに、友人経営者と始めたのですが、私は「健康」に重きをおきたい、友人は「美容」に重きをおきたい、するとメニューが変わってきますし、訴求する客層も変わってきます。自ずとパンフレットのキャッチフレーズも変わってきます。会社スタートの前に、一緒に出張に行っては商品を買い付けし、プランを考え、事業シミュレーションを繰り返しました。それでもこのサービスの価格は高い、もう少し安く、から始まって従業員のユニフォームをどうするかなど細かい部分で意見が合いません。

ビジネスは、これだったらいい！　絶対に当たる！　という答えもなく、**経営者はみんな成功したい、**そう思っていることには変わりません。でもそこへ到達するための細かい方法論が違います。どちらがいいとか悪いとかはわからない。ということで、最後は友人にも出してもらった資本金を私が返して、私一人株主の会社としました。

あるアパレル販売会社では、二人の経営者がお互いに一〇〇万円ずつ資本金を出して運営していました。一人はブランドづくりをきちんとしてからブランドの価値を高めて販売促進をかけたいという。もう一人は、早くお金にしたいから安いものでもサンプルでも手っ取り早く売ってお金にしたいという。すぐに資金が尽きて、どちらがその後のお金を出すか、借り入れをするかなどで喧嘩別れとなりました。二人ともアパレルの世界ではとっても長く活躍していたのに、株主二人で同じ比率なので意見がまとまらず終わってしまいました。

ある広告代理店の会社もそうです。

「俺たち大学の頃から仲良しだからT君が会社に入ってきてくれて本当に心強い」と言っていた仲のいい男性二名も社長の下に専務が付いてこちらは上下関係ができたのですが、「俺の方が営業をかけて売上を上げているのに、同じ給料なんて考えられない」。とか「二言目には経費を出せとか、言うことがせこくてやっていられない」と、外部の人間に愚痴をこぼすようになり、こちらもうまくいかずに二〇年来の友人関係が解消となりました。

会社を開始するときは、結婚するときと一緒です。お互いに夢を語り、同じ夢を追いかけ力を注ぎます。ところが経営が始まると予期せぬことや細かい決定事項や課題が出てきます。そのときに共同経営でも出資比率を同じにしてはいけません。序列をつけるのです。何かの決定時には出資金を多く出したものが決定権を握る、としておかないと二人が主張しても平行線で物事は解決されません。社内で争っていては外との競争に勝つことはできないのです。

経験がない事業をする

化粧品開発・発売

身体の不調を解消するというサロンを経営しているある会社の話です。そこに通ってくるのは昼はシニア層、夕方や土・日はＯＬや会社員で、稼働率七〇パーセントを誇っています。そこで、オーナーの娘さんが、このお客様相手に化粧品を開発して物販をしたいとオリジナルの化粧品開発に着手しました。

化粧品開発は初めてです。化粧品成分などの勉強をして、化粧品開発を一から独学で学びブランド名をつけて化粧水、クリーム、乳液の三種類を売り出しました。

売り出しには少量のサンプルをつくってサロンの来店客に配布し、キャンペーン価格として一本四〇〇〇円を三〇パーセント引きの二八〇〇円で販売を開始。三ヵ月間のキャンペーン価格で販売したところ一〇〇本ほどを売り切りました。順調に販売されている様子を見てその三ヵ月後、定価の四〇〇〇円に戻したところ月に六本しか販売できません。

私が相談されたときに、その商品案内のパンフレットを読んでも、「これに良い！」というインパクトがないのです。さらに、失礼ですが化粧品のビン、箱、ブランド名は、ちょっと手に取ってみたい、買いたいと思えるような魅力がありません。差別化がはっきりしていない商品です。

無名ブランド化粧品

「どういう意図で開発したんですか？」と聞くと、「化粧品は利益率が高いので、サロンに来るお客様向けに提供しようと思って。成分は独学で勉強して、素材屋さんにも相談してすごく贅沢につくったんですよ」

自分のブランド商品ができるというのは夢です。素材メーカー主導で成分を決めてブランド名をつけ、サロンに来店くださっている三〇～七〇歳代の方に向けて、万人に当たり障りのない化粧品を開発したのです。ところがまったく販売できずに開発に掛けたお金を回収できない状況となりました。

ブランドをつくるのは時間がかかる

ＳＫⅡという化粧品があります。高くても売れている、みんなが憧れる化粧品です。決して値引きしません。商品に自信を持っているからです。化粧品が重視するのはブランド力。「資生堂」「ＣＨＡＮＥＬ」のように、化粧品はブランドを愛して購入を決定する、満足感を買う商品でもあります。ブランドをつくるというのは時間とお金、両方がかかります。「ブランドというのはお金だけでは作れない、時間も必要」と教えてくれたのはヨーロッパを転戦している輸入卸業の社長からお聞きした言葉です。そして一度安売りをするとブランドの希少価値はなくなります。

時間をかけて支持されていくからブランドになっていく、だから高級ブランドはみんな歴史があるのです。お金をかけて売り出しても長年支持されるような誇りのある仕事をしなければブランドとして残ることはありません。

安易に価格設定をしている

安売りは価格破壊の元

上記の会社は、製造契約があるため、月々入ってくるオリジナル化粧品を販売しなければ在庫が貯まります。定価では販売できず、結局、常に三〇パーセント引きでの販売となり、最後には四〇パーセント引きでの販売となりました。一度値引きしてしまうと値引きした価格が定価になってしまいます。安くしないと消費者が購入しなくなるのです。

別の会社は、化粧品をＥＣサイトだけで販売していました。年に二回、半期に一度の決算セールとして三〇パーセント引きで化粧品を販売します。するとそのセールが定着してしまい、四月と一〇月のセールの月だけ三倍の売上となり、その前後は売上が六〇パーセントも落ち込むのです。セールを定着させてしまうとスマート・コンシューマ（賢い消費者）という言葉にあるように、消費者はセールのときに半年分の化粧品を購入するようになります。

すると、定価時の売上が落ち込み、利益確保が難しくなります。定価でもリピーターが付く商品が消費者にとって欲しいもの、必要なものなのです。安くしないと売れないものはその価値が問われることになります。

自分が主導権を握っていない

豊富な友人関係が資産だけでは

キャリア創造プログラム（成功する仕事を見出すプログラム）に参加していただいた女性の中に、大手企業を退職したばかりという元女性役員の方がいました。その方は、自分のセカンドキャリアを探しに参加してくださったのですが、自身の資産の棚卸しの中で、「自分の財産は人脈。仕事を通じて多くの有名無名の方たちをプロデュースしてきたから、この人たちは世界各地に広がっていて、私の仕事を助けてくれるわ」と言います。

それは素晴らしい、さすが大手の役員は人脈のスケールが大きい。それでは、セカンドキャリアで何をしたいのですか？　と聞くと、「私は旅行が好きだから、海外旅行しながら、海外の良い商品を日本にもってきて紹介したり販売したりするの。ほら海外に友人たちがいるでしょう。彼らが日本でヒットしそうなコスメとか、商品を見つけてきてくれるのよ」

「はあ、それはすごく楽しそうだけれども……」

自分が趣味の海外旅行をしながら、仕事にするのは憧れです。世界中の友人ネットワーク、これは大きな資産です。

ただ、海外の商品を見つけて販売する、バイヤーの仕事経験が彼女にはありません。それに以前は出版社勤務だったので、小売店やネット販売、さらに輸入業のノウハウもありません。

経営者が主導権を握れないビジネスは

お金があれば人を雇って解決するかというと、これも簡単にはいきません。経営者は、イニシアチブをとれないといけないのです。つまり小売りの経験がない、バイヤーの経験がない、まさに一からの経験を積まないと人を頼りにしても前に動きそうにないのがビジネスです。

私は多くのビジネスを見てきていますが、**経営者に経験がなく、主導権を握れないようなビジネスは全部失敗しています。**全部です。自分にノウハウがなくて人任せというのはどうでしょうか？　人の言うなりになってお金ばかり必要となるでしょう。人を頼ろうとしても、「何かいい商品があったら紹介してね」くらいで人は動きません。さらに分野を絞って、たとえばコスメを中心に輸入するから、コスメに強いバイヤーにお願いするといっても、今度は輸入貿易やら、在庫の管理やらが厚生労働省の許認可が必要です。さらに人にお金を払って仕事をお願いするとなると、その分経費がかさみます。それを一から勉強するのでしたら軌道に乗るかもしれませんが、時間がかかるでしょう。話を聞いた段階では現実的ではない話です。

自分の資産の中に、その道のノウハウがないことには環境が良い、人間関係が豊富、だけでは成功するビジネスとは思えません。ちなみにあれから四年が経っていますが、彼女はまだこのビジネスを手掛けてはいません。夢の世界で終わってしまったようです。

第四章

成功する女性経営者

この章では私の周囲にいる女性経営者がどのような経緯や考え方で起業し、発展していったのかをご紹介します。

Point

専業主婦が一八人の会社を六五〇人の大企業に

専業主婦だった藤本加代子さんが経営を手掛けるようになったのは不幸なことにご主人が亡くなられたことがきっかけでしたが、人の能力は限界で花開くとも言われます。誰も予想しなかったことですが、彼女の潜在能力の高さと、子どもを育てるために必死だった藤本さんが経営にどっぷりはまったことで、会社は著しい成長を遂げました。自分らしさを忘れない経営、人は勉強と環境によって育つという素晴らしい例だと思います。私が尊敬申し上げる経営者の一人です。

私が参加していた**異業種交流会**に、藤本加代子さんという大阪の女性社長がいらっしゃいます。ご主人が眼科医で眼科医院を経営、さらに大阪で医学進学塾も経営されていました。大学の後輩だった奥様は、結婚したときから「お前は働いてはいけない、子どもたちを見ていなさい」と言われ、毎日テニスに英会話、ケーキを焼いてと奥様生活を送っていたのですが、本人いわく「なんも面白くない時間だったのよ」とのこと。でもこの頃は「幸せを絵に書いたら藤本さん」と言われていたそうです。

ところが、ご主人が四二歳の若さで腎臓がんになり、余命二ヵ月に。ちょうど大きな家を建てている最中で、寝耳に水の事態でした。彼女は夫の病室で「どないして生きていったらいいの？　私と子どもたちは？」と号泣したといいます。すると、冷静沈着なご主人は、「加代子、泣くな。泣きたいのは生命保険会社だ。欲をかいたらいかん、家一軒残ればいいではないか。社員の給料は二年間変えてはいけない。病院か塾か一年経営してみて、お前ができる方を残しなさい。それも無理だったら二つとも他の人に売りなさい」と一八人分の社員の給料を書きだして、亡くなっていったといいます。

専業主婦だった彼女は何もわからず途方に暮れ、毎日泣き明かしていたといいます。このときには「不幸を絵にかいたら藤本さん」と言われたそうです。住職さんが泣いている藤本さんを慰めながら、「いつか誰もが、向こうの世界へ行くことになります。そのときにご主人にたくさんお土産話ができるように頑張りましょうね」と励ましてくれたそうです。

それから、専業主婦だった彼女が会社へ出るようになりました。ところが銀行員が来て「奥さん、決算書を見せてください」と言っても、「決算書って何ですやろ？」というビジネス音痴。銀行員は加代子さんとともにきょとんとしていたと言います。

藤本さんは「子どもたちを立派に育てて医者にしないといけないのに、何もわからない、どないしよう？」と、思い切ってその銀行員に「**経営というのは、どのように学んだらいいのでしょうか？**」と相談してみたら、「奥さん、経営者の集まるところへ行ってください」とアドバイスされ、銀行の異業種交流会に入会しました。

藤本さんが恐る恐る、男性ばかりの経営者の会に出かけてみると、ビジネスの会話がさっぱりわからない。とても話について行けない。「ほう・れん・そう」を「報告・連絡・相談」ではなく、野菜の「ホウレンソウ」だと思ったという笑い話もあるくらいです。私が初めて藤本さんにお会いしたのは、この頃です。

ご主人が亡くなって二年経った頃には、会社を手放すどころか二社とも大きく成長して、藤本さんは立派な経営者になり、子どもたちは大学を卒業して医師になりました。長男は女医さんと結婚して眼科を継ぐことになり、私も藤本さんの長年の苦労が報われたと思い、ほっとしていました。

ところが、彼女の**快進撃**はそんなものでは終わりません。眼科を大きくして、職員は増える一方。大阪のイブニングロータリーの会長まで務めていらっしゃいます。

さらにその後、藤本さんの友人が開設した老人ホームの見学に行ったときに、「こんな素敵な老人ホームがあったらええなあ。私も老人ホームやりたいわ」と、本格的に福祉業界に進出します。大阪市がデイケアサービス施設の募集を開始したのを見逃さなかったのです。

藤本さんは老後を優雅に過ごせて羨ましく思われる、ホテルのような養護老人ホームをつくると決めました。福祉先進国フィンランドへ視察に行き、ホスピタリティー溢れるホームづくりの勉強をして、老人福祉の最先端の知識を取り入れることにしました。フィンランドでは観光などまったくせず、視察に集中し、初めての分野への挑戦を成功させようと意気込んでいました。これを皮切りにデイケアサービス、特別養護老人ホームを開設。大阪近郊で五ヵ所運営しています。入居者の心に寄り添い、生きがいや喜びを感じるホームづくりをしているのです。

その後、今度は反対に、フィンランドから超高齢化のアジアを視察したいということで藤本さんの施設への訪問がありました。フィンランドの視察団は、「こんなにホスピタリティーに溢れる施設は初めて」と、自国で紹介したところ話題になり、なんと藤本さんが経営する老人ホームがフィンランドの教科書に掲載されたのです。

話はここで終わりません。藤本さんが多くの従業員を雇っていて感じたことは、「三つ子の魂百まで、いうやろ。これからは教育が大事や」と、同じ思いを持つ女性に「保育所をやりましょう」と声をかけ、意気投合します。この女性が保育士の資格まで取り、大阪市の保育園開設に応募、大阪市中央区に保育園を開設しました。

本社ビルを買い、一八人だった社員はなんと六五〇人にまでなり、ご主人が亡くなった時点から、二〇倍以上の規模の会社になりました。そして、なんとご主人の通夜のときに慰めてくれた住職の奥様が藤本さんの老人ホームに入居しているということでした。

藤本さんは日経新聞、プレジデント、業界紙……と、いつもビジネス本を読んでいます。「私は医者ではないから病院の経営とかわからないのよ、情報を仕入れておかないとね」と経済から専門分野まで本当によく勉強しています。

もう一つは、マネジメントが抜群にうまいのです。「私は、これはできへんねん、Aさんやってくれる?」、「こんなふうにつくりたいねん、これをやりたいねん、あなたお願いね」と、ポーンと仕事を任せます。任された社員は、自分の能力を買ってくれたと感じ意気揚々と働きます。ほめ上手で柔和な人柄。ともかく明るく、美人で上品な笑顔は、多くの方が魅了され彼女の元で働きます。

いかにもやり手でカタカナ用語ばかり使う経営者よりも、マネジメント能力に母性をプラスして、温かく社員と接している彼女のほうが慕われるのでしょう。本人のいうところの「**主婦ならではの、わかりやすく共感を得やすいリーダーシップ**」を発揮しています。

Point

無収入の主婦がＰＲ会社社長に

中山優香（仮名）さんに初めてお会いしたときには「きれいな方だなあ、女子アナみたい」と思いました。ところが、話を聞くうちにびっくりの過去があり、本当に苦労されて自立の道を歩んでいるのだなあと涙なしには聞けないような話が出てきました。でも、それをユーモラスに本音を語ってくれるのも彼女の才能です。そして話の最後、「転機は痛みとともにやってくる」という言葉は皆さんにぜひとも伝えたい貴重な言葉です。

有限会社Ｔ社の中山優香さんは、清楚でインテリジェンスな女性です。ＰＲ会社社長としてグローバルに活躍しているのですが、その裏にはとんでもない不幸が隠れていました。

中山さんは大学生の頃は、政治記者を目指してマスコミを中心に就職活動をしていました。あるテレビ局の採用の最終試験に残っていて、自分は女子アナよりもジャーナリストになりたい、そんな夢を描いていたのです。最終試験の少し前、乗っていた車が三国峠から六五メートル下へ転落するという**大事故に遭遇**しました。もちろん最終面談どころでの話ではありません。幸い九死に一生を得ましたが、顔から首にかけて何十針も縫い、体中の骨折とギブスで固定された入院生活です。通常生活に戻るまではどれくらいの時間を過ごさなければならないか、本人も家族も絶望の淵に沈んでいました。事故から一年半でようやくリハビリを終えたのですが、顔には傷が残り、腕はまっすぐ伸びません。今も体の不自由さが残っています。

幸運なこともありました。事故のときに車を運転していた男性と、その後結婚して二人の子どもに恵まれ、新しい人生のスタートを切ったのです。ところが、幸せな生活は続きません。ご主人は浮気を繰り返し、離婚を迫りました。働いた経験がない彼女は何度も夫に離婚はしたくないと懇願します。それでも、最終的には残念ながら離婚することに同意せざるを得ませんでした。しかし、家のお金はすぐに尽き、明日からの生活にも困るような状態になってしまいました。

なんとか収入を得なければと必死に就職活動を開始しました。幸い彼女は大学の頃からバックパックで世界各国を旅していて英語は堪能。文化の違いや人の感覚の違いを肌で感じる経験をしていました。その経験を生かしたいと思い、外資系企業のＰＲ職に応募していました。

ところが、就職経験のない彼女は応募する会社すべて落ちてしまい、面談にも呼んでもらえません。ついにホワイトカラーの仕事は諦め、スーパーの総菜部のパートに応募しても、それも不採用。「私は社会で必要とされていない人材なんだ」と涙し、落ち込みはピークに達しましたが、子どもを二人抱え、何かお金になることをと必死で探しました。

当時、小学館や昭文社から投稿雑誌が出版されていて投稿がはやっていました。もともと書くことが好きだった彼女は、雑誌にエッセイを投稿してみました。すると、ユニークな文章が評価されて掲載されるようになり、一回掲載されるごとに五〇〇〇円、一万円というお金が入ってきました。その後、投稿マニアとなった彼女は、評判がよく、洗練された軽妙なタッチの文章は読者の心を摑みます。無収入で働いた経験のない彼女が雑誌の投稿で初年度に稼いだ金額は何と二〇〇万円。次第にレギュラーの仕事まで舞い込むようになってきます。彼女の文章に合わせて漫画家が四コマ漫画を描くコーナーもでき、レギュラーで四年間も続きます。自分の経験を書いた『離婚日記』まで出版され、私生活も赤裸々に文章にして読者のハートを摑んでいきました。

こうして、当初の「政治記者になりたい」が形を変えて、「文章による仕事」がだんだん形になっていきます。倉田まり子さんとの対談も掲載され、彼女は一躍有名人。女性誌のエッセイと編集に携わり、そのセンスを買われて雑誌のコピーライティングの仕事も引き受けるようになります。そのコピーを読んだ外国の有名時計ブランドの社長から直々にコピーライティングを頼まれます。

この仕事をきっかけに企業ＰＲの仕事を覚えていきます。商品ＰＲ、ブランドＰＲ、編集と昼も夜もないほどの売れっ子になり、収入は駆け出しのときの一〇倍を超え、エグゼクティブプロデューサーとして一気に花開いていきます。そして時代は彼女に味方します。次に来たのはホームページの時代です。上場企業が自らホームページ制作に乗り出したのです。WEBサイトの構成、編集、コピーライティングまでできる彼女の仕事が評価され、企業からの注文が殺到しました。

二〇〇三年には有限会社として起業。会社組織にして昼夜を問わず乗りに乗って働いていた中、再婚します。そして子どもの養育のことも考え、二〇〇五年、家族でロンドンに移り住みました。そのときに今のご主人から「もうエッセイは書くな。書くという行為は自分たちのプライベートを明らかにすることで、それは不快なこと」と言われ、一切の仕事を辞めてしまいます。

もともとバックパッカーで九五ヵ国を渡り歩いた精神的な強さのある彼女、海外生活は合っていると思ってロンドンに移り住んだのですがどんどん元気がなくなり、うつ病になってしまいます。一度うつ病になってしまうと神経が過敏になり、夜も眠れず次第にやせ細る日々。仕事をしないということはこんなに自分のエネルギーがなくなってしまうことなんだろうか？出口の見えないトンネルに入ってしまったような長い時間が続き、今も元気な頃の六〇パーセントにしか回復していないといいます。

彼女いわく、「書くという作業は浄化なんです。自分の中のエネルギーを良いも悪いもどんどん吐き出すこと。書かないと不浄のエネルギーが出ていかない。そして時間があったら知らない国へバックパックの旅をしてその土地の人とふれあい感動を心に刻んでチャージする」なるほどねえ。彼女の魂は書くことと世界中を旅することでエネルギーチャージしているのですね。

その後、日本に復帰し、書くことは最小限にしてPR会社を起こします。それも商品を売り込むのではなく、その商品の**売上の三〇パーセントは世界の女性の教育費に充てる**、といった寄付方式のPRを中心とした会社です。社会的に意義のあるPR活動を仕事の軸にする、その発想、大きい視点だなあと感心します。彼女いわく、波乱万丈の人生を「**転機は痛みとともにやってくる。その痛みはとっても大きな贈り物と思いたい**。自分の生きがいや魂の喜びが見つかる前はちょっと、どころか大きく痛い」。そんなことを語ってくれました。

「**離婚したときに恨んでいた元夫にも今だったら感謝できる**」。そんな言葉も残してくれました。パワーのある人ほど、自分に合った生き方や仕事を選択しないと病気になってしまうのですね。

私は彼女の話に自分を重ねて共感できるのです。

Point

誰も知らない東京で化粧品販売会社社長に

絶えず自立の道を探っている主婦の方にとって参考になる井上尚子さんのお話をします。皆さん自立したくても販売できる商材や、リピーターになる商品を探すことができません。その中で本部がバックアップしてくれる商品で、定価が決まっている物販ビジネスは、自立したい初心者に最適です。地方から出てきて知人が一人もいない東京で、ビジネスにまでした井上さんの行動力が掴んだ成功も見習ってほしいのです。

世の中は、ありえないようなびっくりなことが起きます。私がクモ膜下出血になったこともびっくりでしたが、これを機に人間関係が変わっていくのです。

まず、病院でクモ膜下体験ブログを書いたところ、人材ビジネス時代のスタッフだった井上尚子さんという方が、「ふと気になって二〇年ぶりに社長の名前を検索したら大変なことになっていた」。私のブログを読んで二〇年ぶりにコンタクトしてくださったのです。

私が三〇歳代のときにお世話になった井上さん。美しい言葉遣いと達筆に感嘆し、派遣スタッフのマナー講習の先生を担当していただいていました。井上さんは私の病気を知って驚き、たくさんのアロマオイル製品をお見舞いに送ってくださったのです。退院後、お礼を兼ねて二五年ぶりに再会しました。変わらぬ笑顔に出会えてほっとし、偶然の出来事が重なって私を探してくれたことに話が止まりません。

驚いたことに、井上さんは化粧品を扱う販売会社の社長になっていました。彼女は東京に一人も友人がいない中、三九歳のとき、結婚を機に鹿児島から上京しました。ご主人が再婚で、娘さんと息子さんがすでにいらっしゃいました。その義理の娘さんが石鹸と化粧品を勧めてくれたので、娘さんとのコミュニケーションのためにと使い始めました。使ってみるとその石鹸は必要以上に皮脂を落とさず、刺激が少なく使い心地がよかったのです。ネットワーク販売の商品だったので、むやみに人に勧めると友人をなくすと思って、人に勧めることなく四年間自分のために使っていたのです。

サンプルの小さな石鹸を義理の息子さんにあげたところ、息子さんはそれを肌トラブルに悩んでいた友人の女性にあげたのだそうです。その方が「肌荒れが改善したこの石鹸が欲しい」と言い、販売することに。これを皮切りに、この会社の化粧品成分の講習会などへ出かけて勉強することにしました。この会社の製品は、洗顔用品から化粧水、クリーム、オイルといった基礎化粧品から身体に触れるもの、ハミガキや虫刺され予防用品、マウスウォッシュ、ヘアケア製品、そして私が病気のお見舞いでいただいたアロマ用品と生活で使われるすべての製品群を網羅しています。保存料や身体に有害な石油製品を使っていない、人にも地球にも優しいものです。この化粧品は社会的意義のある商品だと思い、商品コンセプトに共感し、本格的に販売を開始しました。

息子さんにあげたサンプルの小さい石鹸がきっかけで、友人からそのまた友人へと口コミで広がっていき、井上さんの売上は三ヵ月で九〇〇万円、営業所の所長を経て、今では立川で事務所を借りて株式会社の組織になっています。

一人に差し上げた小さな石鹸のサンプルがきっかけで、あれよあれよという間に人間関係が広がっていったのです。商品販売の広がりを彼女は「人間花火」と称して、カレンダーの大きな裏紙四枚をつなぎ合わせて書いた人間の繋がりを見せてくださいました。最初の一人から八〇〇人以上の人が彼女のユーザーとして関わっているまさに壮大に広がるネットワークビジネスです。

井上社長とは経営者勉強会でご一緒いただいているのですが、年齢を感じさせないフットワークの良さです。青梅に住んでいながら、私が「横浜で朝活があるんだけど、朝早いけどいらっしゃる？」と聞くと、「ハイ喜んで」と仰って横浜に九時に来られます。このフットワークの軽さがあって、会社ができるほどになっていくのです。決して押し売りをしているわけではありません。

ネットワーク商品というと敬遠されそうですが、人に対する信頼度があってこそ商品が生きる点、井上さんの誠実さ、相手を癒すパワー、信頼度、これが立派にコラボして「井上さんに会いたいなあ、**もっと肌に関する正しい情報を聞きたいなあ**」と思うから化粧品を定期的に購入するのではないのでしょうか。

私の友人が、アトピーで首と顔が赤くただれて気の毒だったのでこの商品を薦めてみました。井上さんがフォローしてくださり、使用後半年で友人の顔は普通の女子の綺麗な顔に戻り、商品の力を改めて感じました。本人が一番うれしかったでしょうけれど、情報を差し上げた私もすごくうれしく思ったのです。**会社も製品も社会で役に立つ**、これが大前提です。

商品はリピートされるものを販売するのですよ、と私は皆さんに教えています。化粧品は女子でしたら重要な消耗品です。もちろん競合も多い製品ですが、一回だけで終わってしまう商品ではなくリピートされる商品を扱うのが良いのです。井上さんの起業例は主婦の方でも十分にチャレンジできる起業モデルの代表的なもの。六五歳を超えても仕事で美しく輝き、女性たちの育成をしている誠実な姿勢は皆さんの憧れです。

Point

どうせやるのならお金になる仕事・資格を——不動産会社社長

不動産業の社長、杉山真由美さんのお話をします。彼女は離婚という試練を乗り越え、水商売をしながら資格を取得し、不動産ビジネスの経験を積んだ後に開業した苦労人です。不動産、というと誰もがちょっと引いてしまうような大きいビジネスモデルですが、「お金になるビジネスは？」と考えたところから始まった彼女の視点に注目してください。事業モデルをぼんやりと探している人にはぜひ学んでほしいポイントです。

私は自分のワークの参加者に「**それはお金になることですか？**」とよく聞きます。誰もが何かしたいという気持ちがあって勉強しているのですが、精神世界や占い、心理学、ワインエキスパートなど趣味の延長線上の勉強に時間とお金をつぎ込む人が多いのです。では、資格を取得後、その資格や学びで自立している方がいますか？　勉強後、お金になるかどうか現実を考えてくださいね、と私は言っていますが、女性はお金にならない民間のカウンセラー系ビジネスが好きです。

友人で不動産業の社長をしている株式会社アクラスの杉山真由美さんのお話をします。お父さんが事業に失敗して家をとられ、その影響で小学校も転勤などで友人もできず、中学校も不登校気味だったと言います。勉強したいと家族に言うと、お婆ちゃんから「女は裁縫や炊事をやったらいい、自転車に乗るとか勉強するとか考えなくていい」と言われ、勉強に割く時間も充分にとれない学童時代を過ごします。それでも高校を無事に卒業し、若くして結婚、出産を経験します。すると御主人が浮気し一方的に離婚を言い渡されたのです。その結果、彼女の元から夫と子ども二人が同時に離れていきました。

当時、働いていなかった彼女は、悲しんでばかりいられず、ともかく自分が自立しないといけないと思い、すぐにできる水商売に就きました。必死に親の借金まで返す勢いで働いた彼女でしたが、ふとこのまま「この仕事をしていても明るい未来に結びつくように思えない」、と考えるようになったのです。

自分には教養も資格もない、このまま一人で生きていくために何とか道を切り拓きたい。社会で活躍している人、お金持ちはどんな仕事をしているのだろう？　お店に来る羽振りがいいお客様をよく観察してみました。すると、「不動産関係の人は羽振りがいい、不動産は儲かる」と気づきます。宅地建物取引士の資格を取得しようと一念発起。私のクライアントに不動産業の方がいらっしゃるのでよくお聞きしますが、宅建の資格は一日一時間、三六五時間勉強すると取得できると言われています。

本人いわく、「義務教育さえも怪しい自分は人の三倍の時間を要する、この一年間は死ぬ気で頑張ろう」と、朝六時に起きて二時間過去問を解き、朝食後にさらに二時間基礎勉強をする、という生活を続け、見事一年後、三七歳のときに「宅地建物取引士」の資格を取得しました。

彼女は小さい不動産屋さんに転職し、業務を覚えていきます。不動産といってもいろいろな種類があります。駅前の不動産で賃貸物件を紹介する会社、土地を仕入れてマンションを建てて販売する会社、オフィス専門の不動産やビルの管理専門会社、ワンルーム販売会社などです。それぞれ専門分野がありノウハウがあります。

彼女の師匠となった不動産会社社長の不動産業の特徴は、都市開発に絡む土地を安く行政から買い受けることでした。駅近くの整備された街並みをつくるために、買収された後の半端な土地を安く仕入れてアパートを建て、そのアパートを投資物件として販売するというものです。当時、都市近郊の駅近くの都市整備ブームにも乗り、好調な収益を上げていました。彼女はこの仕事に一〇年間携わり独立起業したのです。

彼女自身も同じノウハウで投資用アパートを建てては販売しています。自分も若くして三階建ての自宅だけでなく、アパートやマンションを持ち、資産形成をしています。ここまでくるには並大抵の努力ではありませんでした。信頼していた人から仕入れた戸建て住宅が建築業法違反であったり、一緒に仕事をしていた男性にうまく仕事をかすめ取られたりと、辛い時期も多く、それを一人で乗り越えてきたのです。

真由美さんとの話は非常に新鮮で「不動産っていろいろな切り口があるなあ」という点です。彼女いわく「不動産は化ける、だから面白い」

また、現在は相続で土地の処分などがうまくできない成年後見人の相談に乗るとともに、市からも民生委員を委託され、良心的に土地の活用ができるように行政書士と一緒に活動しています。

この行政書士の女性は五〇歳にして資格を取ったそうです。その年で行政書士の資格を取ってどうするの？　と思っていたそうですが、今は親のお金でさえ子どもが銀行から下ろせない、子どものいない夫婦が資産の管理に困る、住んでいた土地の処理が困る、などのときにこの行政書士が活躍します。人一人が死んでからの相続は大変な手続きを要するのです。そのときに住んでいる土地、相続人は何人いるのかという問題が発生します。これを女性二人で相談に乗り、最適な方法をアドバイスして手続きを進めているのです。他の不動産業者がハイエナのように土地を相続人から買い取り、後で法外な金額で買い取りを要求するような手法がある中、皆さんの平穏な相続に手を貸しています。

「何がお金になるのだろう」、と考えてから自立するまで一二年の月日が経過しています。まだまだ四〇歳代後半、これからも活躍は続きます。

Point

自分の学びは社会で役に立つ——MBA起業女子

私は起業のビジネスモデルをつくるときに「その仕事は社会で役に立つことですか？」と問います。心と身体は密接に繋がっており、自分の思いが身体をつくり、現実をつくる力となっていると考えるからです。「自然療法」を教える大道かほ莉さんは、「もちろん自分のやっていることは社会の役に立ちます」と涼しい顔をして言いました。起業の原点を確認し、自分らしさを見失わずにビジネスをしている大道さん。力が抜けた女性らしい経営がいいなあといつも思うのです。

MBA取得の起業女子

NLPのクラスで知り合った大道かほ莉さん、彼女は「エコボディーネーチャー」という心と身体の結びつきをケアする会社を経営しています。この会社を始めたのは結婚後、駐在員の奥さんとしてアメリカへ渡ったことがきっかけです。駐在員の奥様は働いてはいけないことになっており、時間がたっぷりある彼女は英語学校へ通った後、大学で心理学講座を学ぶことにしました。

アメリカでは心と体の結びつきを教えているセミナーが多くあり、彼女はそのうち小さい頃から興味のあったこの分野の勉強に熱心になります。アトランタ、ニューヨークといった全米各地のセミナーに参加するのですが、アメリカは広く、飛行機代がかなりかかります。セミナーで出会った客室乗務員が、エアチケットを安く手配してくださったりしてセミナーを通じていろいろな出会いがあったようです。

心と身体は密接に繋がっています。たとえば、「自分はダメだ」と思っていると、だんだん体が不調になりやがてうつになっていく。反対に「素晴らしい朝だ、私は健康で素晴らしい人生を生きている」と毎朝思っているだけで体調が上向き、人生に起きる事象までもが好転するのです。

心に緊張を強いたり、あるいは幸福感、充実感を得て身体がゆるんだりしていく。自分の思いが身体をつくり、現実をつくる力となっている。心と身体の管理が遅れている日本では学べない貴重な専門的なことを、科学的なデータで解説するこの分野にますますのめり込み、知識を習得していったのです。

彼女がここまでのめり込むには理由があります。幼少の頃の体験が尾を引いているのです。自分が本当に好きだった近所の上品なお姉さんがあるとき猫を焼き殺したのを目撃します。すると、彼女は翌日から原因不明の腎盂炎《じんうえん》を発症したのです。この疑問がいつも根底にあり、原因を解きたかった。「この心と身体の関係」への興味が尽きることはなく、臨床心理学だけでなく自然療法といった食物や薬物、医薬品の勉強もさらに重ね、**もっと科学的に勉強したいと大学院へ進学し、ついにMBAまで取得**しました。

このときに彼女は自分の心の葛藤を経験するのです。家で優雅な生活をしていてほしい、本格的な論文を書くような勉強に取り組んでほしくないと思う夫と意見が大きくわかれ、彼女の心と身体のバランスも危うかったのです。

彼女はMBAまで取得したのだから起業するしかない、と思うようになったのですが、当時の夫はもちろん「女性が働く、起業する」ことに理解を示しません。彼女いわく、「家でじっとしていて何も表現したり、主張しない私なんて私じゃない。そんなお人形みたいな主婦はできない」と離婚。帰国を待って起業することにしました。

どうして起業したの？　と聞くと、当たり前のように「**自分が習得した自然療法は社会で役に立つから**」と言います。エコボディーネーチャーの具体的なビジネスモデルは、海外から大学教授を招致して、医師や歯科医師、理学療法士など身体を扱うプロの方に「自然療法」を教えること。プロの方に教えることで社会にすそ野が広がりやすいと考えたのでしょう。そのために会社組織にしました。

もう一つは、個人向けクラス。こちらは思考の管理です。つまり自分が考えていることが身体をつくり現実をつくる、明解な「アファメーション（自分に言い聞かせる言葉）」について教えています。この分野は、精神世界とも臨床心理学とも捉えられるカテゴリーですが、現代では多くの方が興味を持って取り組んでいるマインドフルネスに通じています。無と幸福感。MBA取得の彼女がこの思考と、身体に起きる病気の関連の話には説得力があり、私も聞いていて「なるほど」と納得することばかりです。

日本に古くからある禅や瞑想は、この分野を極めるには必要だと思い、瞑想、呼吸法を学ぶところはないかと探し、ついに阿闍梨《あじゃり》まで取得しました。見かけはホンワカ癒し系奥様ですが、大学院に進学してMBAまで取得する粘り強さと向上心溢れる姿勢、「心と身体の関係」を追求し、社会人の心身のケアのために自然療法を広める活動をしています。ストレスフルに生きる日本人に必要なスキル、まさに社会に必要とされるビジネスです。

自分の事業は誰かの役に立つ、誰かを幸せにするから成り立ちます。それを見事に実現した大道さん、「社会で役に立つ」から起業しました。まさに正道を行っています。

Point

ビルを買う翻訳会社の発展要因

スケールの大きい視点を持っているから大金が入る仕事ができる、とはっきりわかるのがこの福富美子社長です。彼女は海外の農獣医薬系の文献の翻訳を専門に扱う翻訳会社を経営していますが、ビルのオーナーとしての顔をもつスケールの大きな経営者です。普通の人では考え付かない発想と視点を持つ、それが成功者の目なのです。美貌の持ち主でもあり、ウィットに富んだ会話で敏腕社長としての資質十分です。

翻訳の分野で独立し、ワンルームから出発した会社の例を書きました（192ページ参照）。株式会社アルビス社の福富美子社長は銀行の異業種交流会でお会いしたのですが、そのスケールの大きさと美人社長としてのふるまいをとても尊敬しています。

福さんは、上場企業の秘書として勤務していたのですが、その後、ベンチャー企業の自動翻訳機会社の代理店の大阪代表としてヘッドハンティングされます。しかし、このベンチャー企業が倒産してしまいます。

ならば、自分で開拓したお客様がいるから翻訳会社を起業しよう、何時までも平々凡々と呑気な会社員と一緒に仕事をしていられないと三三歳のときに大阪で起業します。翻訳とマニュアル制作の仕事を緻密な営業力で伸ばし、東京に進出してきたときに銀行の異業種交流会でお会いしてから仲良くさせていただいています。

この豪快な考え方が経営者の資質だわ、凡人とはバージョンが違う、と思うのです。たとえば、大阪はコンパクトな街なので、自転車で営業している方が多いのですが、福社長もバブルが弾けた直後、自転車で市内を営業しているときに、御堂筋にある四つ角が「売地」となっているのを見かけます。

「この土地は値上がりするわ」と直感した彼女は、早速、登記簿謄本を取り、その足で取引先銀行へ行き、土地を担保にお金を借りてこの土地を一億円で購入します。

景気が回復して五年を待って（五年以上たつと利益に対しての税制が低くなる）この土地への引き合いが出てきて飲食店に一・五億円で売却したのです。税抜きで五〇〇〇万円の儲けです。こういった瞬時の判断力、思考があるから経営者として大きなお金を手にできるのです。とても女性が手掛けるような話とは思えないスケールの大きさを感じます。

また、仕事の拡大とともに東京の新宿区にもビルを買い、福岡にも進出して二支社を束ね、それぞれの分野で特徴あるお客様を獲得しています。ご本人も大阪の公園を見下ろす高層ビルの住人で、セレブ生活そのものです。

会社を経営するだけでなく、経営者は資産形成をしないと独立した意味がありません。私は女性としても福社長に接していると勉強になることばかりです。銀行の支店長や経営者と食事をするときにでも必ず相手を立てるビジネスの会話ができ、誰でも福社長と話をするのは楽しく、気分良くさせてくれるのではないでしょうか。ただ褒めるだけなら水商売の女性の方が上でしょう。**でも経営者はビジネスに絡む話ができないと次の仕事への発展はない**のです。

私が大阪へ行くと、不慣れな土地と思って食事のときには必ずタクシーで送迎をしてくださいますし、私の友人も福社長にお会いすると、気配りと豪快さがミックスした性格で友人たちまでもがファンになっていくのです。翻訳案件があれば必ずアルビス社に仕事を振るようになるでしょう。何時までも私の目標となっている社長です。

Point

まとめ

大阪の藤本さんとお会いしたときに、「こんなに会社が大きくなった要因は何だと思いますか」とお聞きした際に、**「性格が明るいことよ」**と仰っていました。そういえば最初にお会いしたときから一年後に海外旅行へもご一緒させていただいたのですが、そのときもよく笑わせてくれました。お嬢様なので天然のネタが多く、それにつられて私も大笑いします。

異業種交流会で出会ってから私がメンターとしている翻訳会社の福社長も本当に明るい。美人でユーモアのセンスがあって、飲むと大阪のおばちゃんそのものになってガハガハと大笑いします。**女性が活躍していくのはその明るさだ**と言っています。彼女も明るいことが活躍していく女性には欠かせないと言います。そしてよく笑う人と仲良くなっていきます。「あの子はなんだか暗いやん」という女子は、我々とは別分類なのです。私たちは一緒にいると本当にうるさいくらいによく笑います。

ただ笑うだけでなくとんでもなく明るいこと、それは大変利点があります。笑いの効用は大きく、よく笑う人は周囲の人を引き付けます。笑うのはユーモアのセンスがあるのと同時に、物事を悪い方へは考えない、プラスの考え方ができます。人は暗い陰のエネルギーよりも、明るい陽のエネルギーを求めているからです。**「笑う門には福来る」は本当**でしょう。

もう一つは**好奇心が旺盛なこと**です。これは経営者には欠かせない要素です。どうしてそうなるの？　と人や物事に興味がないと自分の世界が広がっていきません。たとえば、近所にあったお店がなくなってしまって「どうしてだろう？」と考える。あのお店が何時も繁盛しているのは「どうしてだろう？」と考える。ところが好奇心がない人は、「ああ、そんなことあった？」で終わります。

知り合いの会社経営者でいつまでたっても会社が前へ進む兆しのない方がいます。「ＩＰＯ」というと「それ何？」、「コンプライアンス」というと「それ何？」、優位性というと「それ何？教えて」と何でも聞いてくるのですが、経営者として知っておかなければいけない知識が乏しいのです。経営者としてあまりにも知識が貧弱とみられてしまうと、性格が楽しくても残念ながらビジネスの話に発展することがありません。

私はフットワークが軽くて、気になった場所へはすぐに足を向けます。やりたいことをまず自分の目で確かめたいのです。藤本さんも友人が老人ホームを開設したので足を運んでみたら「私もやりたいわ」と思い、思いついたらフィンランドまで視察に行っています。しかし、それを聞いても**「自分には関係ない」と思っている人には商機は訪れません。**

先日、イトーヨーカドーの役員をしている方のセミナーに参加しました。するとセブンイレブンをつくった鈴木元会長は好奇心の塊のような人で、「お前ここ行ったことあるか?」「ここは面白いぞ」と話が尽きることがないそうです。**成功している経営者は好奇心が旺盛**です。自分で足を運び、目で見て商機や景気、消費者心理を感じ取っているのです。私は名刺交換のときに時間があれば「どうしてその仕事をするようになったのですか?」とお聞きしています。人のヒストリーに興味があるのです。これが結構面白いのです。自分の知らない業界の話やノウハウ、それを聞いていると本が一冊つくれるのではないかと思うくらいです。こうして自分の知らない世界を人を通して知っていく。すると、自分のビジネス目線が育っていきます。

もう一点、**経営者は仕事を自ら創造できること**です。九時から五時まで会社にいればいい、時間まで会社にいればお金が入る。出張手当を少しピンハネし、会社の経費はできるだけ使ってやろうなどと考えているうちは経営者になる資質はありません。

経営者は身銭を切ってでも、このプロジェクトをやり続ける。この情熱とそこに喜びを感じられるようになると成功が後からついてきます。成功する人はチャレンジ精神が旺盛です。どうしても、反対されてもそれをやりたいのです。この気質があってこそ経営者は成功していくのではないでしょうか。

おわりに

この本が発売される頃には時代は令和になっています。平成の時代を駆け抜けた経営が一つの扉を閉め、また新たな扉を開くきっかけをいただけました。元号の変わり目に出版ができたことを感慨深く思っております。

生死をさまようクモ膜下出血を経験してから、生き方も人脈も一八〇度変わりました。急激に変わった身体とそれを受け入れなければと、ゆっくりと変化せざるを得ない私の人生観。そんな戸惑いと絶望の日々で繋がった縁。このご縁のひとつがなんと出版に繋がったのです。

素人が人に読んでいただく臨場感ある文章を書くというのはハードルが高く、意気込みはあってもまとまらない章立てを「社会に役に立つ本を書くことです」と出版の本質を教えてくださり、丁寧に指導を続けてくださった万来舎の藤本社長、本当に感謝申し上げます。

ありがとうございました。

また、本書に書かせていただいた経営期間中にサポートしてくださった多くの皆様、そして女性としても尊敬できる起業家の皆様、快く登場いただきましたこと、心よりお礼申し上げます。日頃よりサポートいただいている皆様の温かいお力添えに心より謝意を伝えるとともに益々のご繁栄をお祈りするばかりです。

才能がなくても何とかして私が伝えたかったことは、自分が「こうなりたい」と思い、選択していくことを重ねて自分で人生をつくっていく、その才能は自分が正しい方向性を見いだし、努力をしてつくっていくということ。

そして、人生は出会いで変わる。出会った人との会話や姿勢。そのコミュニケーションの中で、ビジネスをしていく上で何が自分に不足しているのか、自分の本質に気づかせてくれるような人との出会い。自分とは違う大きな視点を持っている人たちから得られた価値観は、大変刺激になり気づかせてくれただけでなく、経営、人生の質まで変えてくれました。

自分が失敗をし、迷惑をかけ、指導され、気づき、成長の場まで与えてくれた人との出会いとは有り難いものだなあ、みんな必然だったんだなあとしみじみ思う今日この頃です。

もし自立してビジネスをしたいと思っている方が、本書がきっかけになって一歩を踏み出す決意をし、種をまき、種から芽が出てすくすく成長し、花が咲き、やがて実がなる木になるまで成長していく。そのようなお役に立てる本となっていることを願っております。

最後までお付き合いいただいたことに心より感謝申し上げます。よろしければキャリアコンサルティングでお会いしましょう。

大和千由紀

大和千由紀（おわ ちゆき）

株式会社ペルセウス代表取締役

長野県諏訪市出身。28歳で人材派遣会社を起業。キヤノン販売株式会社とその販売先企業を中心にOA機器に特化した人材派遣事業を開始。5年後には年商1億円を超える企業に成長。その後、会社は増収増益を続け、年商5億円となり、経営期間中は一度も赤字決算がなく、20年間黒字経営を続ける。2007年、人材ビジネス会社をM&Aで売却。また、その間、経営の多角化にも乗り出し、医師とともに岩盤浴サロンの経営やサロン向け健康美容機器の輸入販売など3社を起業する。
会社売却後は企業コンサルティングとキャリアコンサルタントに転じ、2万人以上の方に適職・転職指導を行い女性の自立と多くの起業家を育成している。

URL：http://www.perseus.jp
e-mail：c-owa@perseus.jp

装幀●大関直美
本文デザイン●市川由美
編集協力●村串沙夜子

成功する〈本気女子〉起業 5つのSTEP

2019年6月21日　初版第1刷発行

著　者：大和千由紀

発行者：藤本敏雄

発行所：有限会社万来舎

〒102-0072　東京都千代田区飯田橋2-1-4
九段セントラルビル803
電話　03(5212)4455
E-Mail letters @ banraisha.co.jp

印刷所：日本ハイコム株式会社

ISBN978-4-908493-33-1